本书为以下项目的研究成果

国家自然科学基金项目：

"三螺旋创新视角下创业型大学运行机制及对策研究"（71173040）

大学创业系列

总主编　陈笃彬

大学治理
对大学创业影响研究

张海滨　著

厦门大学出版社
XIAMEN UNIVERSITY PRESS

国家一级出版社
全国百佳图书出版单位

图书在版编目(CIP)数据

大学治理对大学创业影响研究/张海滨著.—厦门:厦门大学出版社,2019.3
(大学创业系列)
ISBN 978-7-5615-7121-7

Ⅰ.①大… Ⅱ.①张… Ⅲ.①高等学校－学校管理－影响－大学生－创业－
研究－中国 Ⅳ.①G647

中国版本图书馆 CIP 数据核字(2018)第 234290 号

出 版 人	郑文礼
责任编辑	甘世恒

出版发行 厦门大学出版社

社 址	厦门市软件园二期望海路 39 号
邮政编码	361008
总 编 办	0592-2182177 0592-2181406(传真)
营销中心	0592-2184458 0592-2181365
网 址	http://www.xmupress.com
邮 箱	xmup@xmupress.com
印 刷	厦门集大印刷厂

开本	720 mm×1 000 mm 1/16
印张	11.5
插页	2
字数	220 千字
版次	2019 年 3 月第 1 版
印次	2019 年 3 月第 1 次印刷
定价	50.00 元

本书如有印装质量问题请直接寄承印厂调换

厦门大学出版社
微信二维码

厦门大学出版社
微博二维码

总　序

随着经济全球化程度的深入和知识经济时代的到来,区域创新体系建设成为决定该区域获取竞争优势的重要因素。高等学校已经从社会边缘走向了社会中心,成为区域创新的主体,承载着人才培养、科学研究、社会服务、文化传承创新和国际交流合作的重要使命。

当今,大学正面临着诸多挑战,探索一种新的大学发展范式是应对这些挑战的重要途径。美国著名高等教育学家克拉克·科尔(Clark Kerr)在 20 世纪 90 年代初谈到高等教育改革时指出:"如果高校要想在国际化轨道上生存,就必须发挥自身优势进行转型,而不能仅仅依靠政府,高校必须发展创业领导力,建立创业型大学,以获得更大的自治。"创业型大学以发展高科技、开拓新产业为己任,利用自己的知识创新成果,引资创办高技术公司,加快原创性科技成果的转化,孵化、催生、兴办新的产业,承担了发展国家和区域经济、创造新的工作机会、提升国家竞争力的"创业"的历史责任。

我国高等教育在改革开放之后获得迅猛发展,但也遇到诸多问题:政府有限的拨款、学校发展的可支配资源不足、供需矛盾依然尖锐;社会对学校的价值期待日益苛刻;高水平的学科带头人、科技标志性成果偏少,科技纵横向课题经费比例失衡,科技成果转化率和社会贡献率低;学生的实践能力和创新能力提升不显著,创业意识和能力有待提高;学校内部存在许多矛盾,变革的力量和雄心不足,观念滞后和制度建设滞后等等。这些问题的存在必须在大学发展的进程中给予解决。创业型大学通过创造资源、实现知识资本化,破解学校发展资金瓶颈问题,走出办学资金困境;通过形成"大学—企业—政府"三螺旋结构关系,肩负起更大的社会责任,从社会的边缘走进社会经济组织的中心,实现学校内在诸多的质变和跨越发展;通过对教师的评级和晋升,体现对教师中的发明者、企业家以及与工业合作的鼓励,逐渐形成"企业家精神"和"创业文化";通过全面推进创业教育,培养 21 世纪需要的创业型人才。因此,创建创业型大学不仅有利于全面提升我国大学的综合实力,增强我国核心竞争力和可持续发展后劲;而且可以满足广大师生员工和各类社会利益主体的价值期待,有利于培育"创业精神",培养大学文化,促进和谐校园建设。

创业型大学作为高等教育发展的未来趋势之一,已经引起了国外学术界的高度重视,为了使我国高等教育发展能够满足未来社会发展以及产业发展的实际需要,我国的学术界也开始关注创业型大学的研究。但对于我国创业型大学如何构建、创业型大学怎么运行等问题,不管是实业界还是理论界都尚未给出一个比较明确的答案,尤其是在我国高等教育的发展环境和国外发达国家高等教育发展环境存在巨大差别的前提下。本套丛书依托国家自然科学基金项目"三重螺旋创新模型视角下创业型大学的演化规律及其运行机制研究"(项目号:71173040),拟就上面的问题进行一些理论上的探讨,从而为创建有中国特色的创业型大学提供理论依据。

"大学创业研究丛书"包括:

李坤皇、何文婷、邓雪、邱俊珲等硕士的《三螺旋创新视角下大学的发展与创新创业教育研究》。该著作从三螺旋创新视角出发审视我国大学的发展、创新、创业教育和创业文化,并在创业型大学建设模式构建、区域创新体系建设和大学创业文化建设方面进行国际比较研究,吸收国外高校的发展经验,对我国建设创业型大学提出对策建议。

郑旭辉博士的《三螺旋创新视角下创业型大学形成机理与转型策略研究》。该著作以三螺旋创新理论为基础,借鉴克拉克等其他学者的研究结果,揭示创业型大学的实质与内涵,阐述创业型大学的教学、科研与服务社会的功能,并探讨三螺旋创新理论视角下创业型大学的模式与类型;通过分析创业型大学形成的主要影响因素,构建创业型大学形成机理的理论模型,并以此为分析框架,对比我国重点研究型大学与国外典型创业型大学的差距,探讨我国的大学向创业型大学转型存在的问题与障碍;进而以宏观——政府行为与职能变迁层面、中观——大学经营管理转型层面、微观——教师参与意愿提升层面为切入点,探讨我国大学向创业型大学转型的策略。

张海滨博士的《大学治理对大学创业影响研究》。该著作根据组织控制理论的分析框架,从内部治理和外部治理两个层面,构建大学治理影响大学创业的机理模型。定量实证分析大学内部治理对大学创业的影响,探索开发了大学内部治理结构的测量模型,通过调查问卷,运用结构方程模型在对不同办学层次和办学规模的大学内部治理结构进行差异性分析的基础上,定量分析了大学内部治理结构对大学创业的影响;运用多元线性回归分析,研究大学领导班子结构特征对大学创业的影响。通过对斯坦福大学和沃里克大学的双案例研究,从组织整合、资源承诺和决策控制的维度,实证检验了大学外部治理对大学创业的影响作用。基于大学治理优化的大学创业提升的对策研究,以大学治理现代化来促进大学创业。

刘有升博士的《基于三螺旋理论的高校创业型人才培养机制研究》。该著作从三螺旋理论的视角,对麻省理工学院、沃里克大学、福州大学等三所国内外典型高校开展探索性案例研究;通过数理统计和结构方程建模结合的方法,实证分析政府、产业、高校在创业型人才培养中的参与度及其三者之间的协同度对创业型人才培养绩效的影响及作用机制。实证研究探讨了政产学参与度与创业型人才培养绩效的相关关系;引入政产学协同度作为调节变量,分析了其对"政产学参与度—创业型人才培养绩效"关系的调控性影响;探索了教师产学合作能力、学生创业实践能力在政产学参与度与创业型人才培养绩效关系中的中介作用。在此基础上,提出了三螺旋理论视角下完善创业型人才培养机制的对策,包括强化政府的引导机制、改进产业的引擎机制、优化高校的引领机制、健全政产学的协同机制。

这套丛书从创业型大学的发展建设、形成机理、治理机制、人才培养等维度,展现了国家自然科学基金项目"三重螺旋创新模型视角下创业型大学的演化规律及其运行机制研究"的研究成果。出版这套丛书,主要是为了促进创业型大学研究领域的学术交流,希望与学术界的同人一起共同努力,推动对创业型大学的研究,为充分发挥现代大学的功能、促进区域经济发展和国家自主创新能力的提升尽绵薄之力。

是为序。

陈笃彬

2018 年 1 月 18 日

于泉州四读阁

目　录

第一章

导 论

第一节 研究背景与研究意义

一、研究背景

创新驱动是当今世界经济发展的大趋势。党的十八大报告强调:"深化科技体制改革,推动科技和经济紧密结合,加快建设国家创新体系,着力构建以企业为主体、市场为导向、产学研相结合的技术创新体系。"面对全球新一轮科技革命与产业变革,大学作为人才培养、知识生产和技术创新的重要基地,在经济社会发展中肩负着重大的责任和使命,直接关系到国家综合竞争力。

早在20世纪中叶,麻省理工学院开始致力于构建"政府—企业—大学"的新型关系,通过创立高科技衍生企业将科研和教学与区域经济发展结合起来,引领和推动了产业发展。这种以知识创新为基础、以知识商业化为手段的大学创业活动,使大学从社会的边缘成为经济社会发展的发动机。之后,斯坦福大学和沃里克大学等一大批欧美大学加入了大学创业的潮流,大学日益成为知识创造的中心、科技企业的孵化器、高新技术的辐射源和高新技术开发区的智力支柱,是区域创新体系中最重要、最活跃的组成部分。Brouwer在研究企业和大学技术转移之间的关系时,指出来自大学的科学研究能加速技术进步,其中的原因是大学能促进现有企业对发明进行商业化开发,而且更倾向以技术许可的方式进行。[1]Guerrero等人的实证研究表明,大学创业活动对经济发展具有显著的影响。[2]大学创业活动也成为全球经济发展的重要因素。[3]因此,除了传统的教学和科研,大学正面临着巨大的压力去实现服务经济社会发展的第三使命。[4] 近年来,大学创业的研究受到国内外高等教育理论界和实务界的广泛关注,成为高等教育研究的热点领域。

大学创业的核心是知识商品化,服务经济社会发展。从我国高等教育发展看,尽管我国大学在国家和区域创新体系中发挥着重要的作用,为国家和区域经济社会发展做出了重要贡献,但是长期以来"我们的教育还不适应经济社会发展的要求,不适应国家对人才培养的要求"。大学科研和教学的市场导向不强,大量的科研成果仍然处于沉睡状态,大学捧着"金饭碗"要饭的现象仍然存在,推动我国大学创业仍然任重而道远。特别是当前大学如何响应国家提出的"大众创新、万众创业"的号召,以实际行动服务国家创新驱动发展战略,通过大学创业活动,引领和推动产业发展,无疑是值得我们认真研究的重要课题。

大学治理是现代大学制度的核心,大学治理研究也是国内外高等教育理论界和实务界关注的热点领域。为什么要研究大学治理?从全球化的视角看,20 世纪 80 年代以来,提高高等教育质量、培养高质量人才和提高科研水平成为各国高等教育改革的核心。大学为了提高自身的教育质量,需要通过变革治理方式来提高治理绩效。有学者认为,西方大学治理目前正处于从回应民主诉求范式向提高绩效范式转型期。[5] 尽管推动治理变革的目标是提高大学办学绩效,然而国内外对大学治理的研究,大多数是研究大学治理模式及其变迁,主要关注过去怎么治理、现在怎么治理、将来应该怎么治理,很少有涉及治理与绩效的关系研究。

那么,大学创业与大学治理这两个当前高等教育研究的热点领域有没有什么内在的关联性?制度经济学认为,制度对经济绩效的影响是无可争议的。制度在社会中具有基础性的作用,是决定长期经济绩效的根本因素。[6] 组织理论认为,不存在最佳的组织形式,但是,不同的组织形式有不同的效果。[7] 这些观点,引起本书对大学创业与大学治理这两个热点的关联性的思考:大学治理作为一种实现办学目标的制度体系,对大学创业是否有影响?如果有,大学治理是如何影响大学创业的?当前我国要推动大学创业,应该如何变革大学治理?对这些问题,目前鲜有文献专门进行研究。本书正是围绕上述问题展开研究,以抛砖引玉。

二、研究意义

从理论层面和实证层面探索大学治理对大学创业的影响,把当前高等教育发展改革的两个热点关联起来,研究两者的内在关系,是对大学治理理论和大学创业理论的丰富和发展。同时,在当前"大众创新、万众创业"的时代浪潮中,只有明晰大学治理与大学创业的内在关系,才能更具有针对性地以理论为指导,提出基于大学治理优化的提升大学创业的对策和建议。

(一)理论意义

从大学治理理论的视角看,大学治理作为现代大学制度的核心在高等教育研究中占有极为重要的地位。尽管学术界对大学治理的研究成果非常丰富,但是现有的大学治理研究和文献,定性研究多、定量研究少,对治理绩效重视不够、关注不足,缺乏通过改革释放制度红利的研究导向。本书的研究,在理论拓展的基础上,开发大学内部治理的测量模型,丰富了大学治理的定量研究。

从大学创业理论的视角看,大学创业作为大学发展到一定阶段的产物,是大学服务社会职能的集中体现。由于大学创业对经济社会发展的推动作用,大学创业受到学术界、政府和社会各界的高度关注,承载了各界对大学的殷切期待。这就需要学术界从理论层面去探讨如何提升大学创业的问题。从现有研究看,大学治理对于大学创业的影响并没有引起学术界足够的重视,因此,缺乏从治理层面去研究如何提升大学创业的文献。

本书探索大学治理对大学创业的影响,有利于发展和丰富大学治理理论和大学创业理论,构建大学治理对大学创业的影响机理模型,弥补现有研究的不足。

(二)现实意义

大学肩负着人才培养、科学研究和服务社会的重大使命,是知识创造的中心、科技企业的孵化器、高新技术的辐射源和高新技术开发区的智力支柱,是区域创新体系中最重要、最活跃的组成部分。党的十八届三中全会通过的《中共中央关于全面深化改革若干重大问题的决定》提出,全面深化改革的总目标是完善和发展中国特色社会主义制度,推进国家治理体系和治理能力现代化。李克强总理强调"要向改革要利益、要效益,要通过创新体制、机制来释放活力"。[8]因此,如何通过顶层设计,明确大学治理现代化的目标任务,以重构大学与政府、大学与社会以及大学内部关系,释放大学治理现代化的制度红利,推进大学创业是一项十分紧迫而又重大的研究课题。

本书研究大学治理对大学创业的影响,不仅从理论层面探索大学治理这种体制机制对大学创业的内在作用机理,而且也从实践层面提出创新和优化大学治理,促进大学创业的对策建议,能够为我国构建适应大学创业的现代大学制度提供参考和借鉴。这对服务国家创新驱动战略,加快我国从高等教育大国向高等教育强国迈进具有重要的现实意义。

第二节　文献综述

从现有的文献看,大学治理对大学创业的影响尚未引起学术界的重视和关注,因此,目前尚未有文献系统研究大学治理对大学创业的影响。为此,本书先对大学治理、大学创业的相关文献进行梳理和归纳,而后对涉及大学治理对大学创业影响的相关文献进行梳理分析。

一、大学治理

(一)治理理论

"治理"一词在我国一般指统治和管理,在英语国家一般指权威的行使。它常用作对范围广泛的组织或活动——从现代公司(公司"管理")到大学(瓦萨尔学院的"管理")再到海洋的经营等——进行有效安排的同义语。[9] 治理理论可以分为两大分支,即:侧重于宏观领域的公共治理理论和侧重于微观领域的公司治理理论。

公共治理理论以政治学为基础。20 世纪 90 年代以来,西方学者的社会科学家,对"治理"一词作出了有别于统治的界定。俞可平在其主编的《治理与善治》一书中详细列举了西方学者或机构对治理的定义:罗西瑙认为,与统治不同,治理指的是一种由共同的目标支持的活动,这些管理活动的主体未必是政府,也无须依靠国家的强制力来实现;库伊曼和范·弗利埃特认为,治理的概念是,它所要创造的结构或秩序不能由外部强加,它的作用发挥,是要依靠多种进行统治的以及互相发生影响的行为者的互动;全球治理委员会认为,治理是各种公共的或私人的个人和机构管理其事务的诸多方式的总和。它是使相互冲突的或不同的利益得以调和并且采取联合行动的持续的过程。这既包括有权迫使人们服从的正式制度和规则,也包括各种人们同意或以为符合其利益的非正式制度安排。[10] 治理与统治不同,主要区别在于五个方面:其一,就权力主体来说,治理与统治的本质区别在于,治理的权威不一定是政府机关,而统治的权威一定是政府机关。其二,在管理过程中,权力运行的强度有所不同。其三,从管理策略来看,统治是政府等行政机关采取命令、控制的手段进行管理,而治理则强调行动主体之间的协商与合作,依靠彼此间的利益协调和相互博弈来达成共同的目标。其四,从公私关系处理来看,在政府统治的模式下,公共部门与私人部门是相互对抗的两股力量。而治理模式下的公私部门是相互联系、相互依赖的合作关系。其五,统治的组织结构形式是自上而下的等级制,而治理的组织形态是网络组织体系。[11]治理的含义不仅不同于统治,而且也不同于管理,主要区别有:双向和单向之别,治理是一种双向关系,而管理是单向的行为;人与物的关系差别,治理指的是行为人在责权利之间的相互制衡关系,实际上是一种人与人之间的关系,而管理除了体现人与人的关系外,还主要体现为一种人对物的管理,最终表现的是人与物的关系。[12]格里·斯托克提出了治理的五个论点:治理指出自政府,但又不限于政府的一套社会公共机构和行为者;治理明确指出在为社会和经济问题寻求解答的过程中存在的界限和责任方面的模糊之点;治理明确肯定涉及集体行为的各个社会公共机构之间存在的权力依赖;治理指行为者网络的自主自治;治理认定,办好事情的能力并不在于政府的权力,不在于政府下命令或运用其权威。[13]

公司治理理论以经济学为基础。钱颖一认为,公司治理结构是用以处理不同利益相关者即股东、贷款人、管理人员和职工之间关系,以实现经济目标的一整套制度安排,包括控制权的配置与行使,董事会、经理人员和职工的监督和评价、激励机制的设计和实施。[14]何家成认为,公司治理可以分为治理结构和治理机制两个部分。治理结构包括股权结构、董事会、监事会、经营班子等,治理机制包括用人机制、监督机制和激励机制。[15]对公司治理理论的研究可以追溯到亚当·斯密的《国富论》。自从伯利和米恩斯首次提出所有权与控制权两权分离的观点以来,公司治理理论不断发展,形成三个具有代表性的理论学派。

一是委托—代理理论。由于在现代企业中,专业化问题日益凸显,企业的所有者作为委托人,把公司的经营管理委托给具有经营管理经验的代理人,从而形成了委托—代理的契约关系。在信息不对称的情况下,由于委托人和代理人的目标函数往往不一致,因此容易产生代理人损害委托人利益的情形。因此,公司治理就是要通过激励约束机制设计,避免代理人为了自身利益作出损害委托人利益的行为,减少代理的效率损失,降低代理成本,实现代理人和委托人利益的激励相容。

二是利益相关者理论。该理论认为,公司是利益相关者的组织,公司的目标不能仅限于追求股东利益最大化,它必须承担一定的社会责任,满足不同利益相关者的需求。对企业而言,其利益相关者一般可以分为三类:资本市场利益相关者、产品市场利益相关者和组织中的利益相关者。[16]由于这些利益相关者与企业生产经营发展存在一定的利害关系,因此该理论认为,利益相关者有权以适当方式参与公司的治理,以保障自身的利益。

三是组织控制理论。组织控制理论是美国学者奥沙利文于 2000 年提出的一种公司治理理论。组织控制理论的核心思想是治理就是为创新提供支持的制度体系,这些制度体系对创新过程的知识和资金这两个关键要素进行组织控制,而不是市场控制。此前,公司治理理论主要有两大学派:股东理论和利益相关者理论。这两种理论基于对公司契约性的认识,着力于资源配置而忽视了创新的贡献,因此未将创新纳入理论框架。针对股东理论和利益相关者理论的这一缺陷,奥沙利文认为,创新是一种累积的、集体的和不确定的过程,能够产生创新的资源配置过程具有开发性、组织性和战略性,这就意味着创新的公司治理体制必须相应地具备财务承诺、组织整合和内部人控制这三个条件。没有一定的制度条件支持组织对知识和资金的控制,企业就不能通过对组织学习过程的战略投资产生创新。[17]组织控制理论的核心思想是治理就是为创新提供支持的制度体系,这些制度体系对创新过程的知识和资金这两个关键要素进行组织控制,而不是市场控制。

(二)大学治理的概念

关于什么是大学治理,学术界有着不同的看法。Corson 最早提出大学治理问题。1960 年,他发表了《学院和大学的治理》一书,首次从大学权力结构的视角来研究大学治理,即大学治理结构具有二重性:行政人员的科层管理结构和教师在学术系统的决策结构。在他看来,这两种结构具有较大的差异性和对抗性,是大学治理的核心问题。[18]Leslie 在 1975 年,明确提出了大学治理的概念,并对大学治理的合法性的理论依据和大学治理的构成要素进行了分析。[19]

张维迎借鉴公司治理理论来探讨大学治理的问题。他认为大学的目标和理念需要通过一整套的制度安排来实现,这些制度安排就是治理结构,就是大学的治理。[20]朱家德认为大学治理是指大学内外利益相关者参与大学重大问题做决策的结构和过程,其核心问题是大学决策权力的分配问题。[21]李福华对大学治理与大学管理进行比较分析,认为大学治理是在大学利益主体多元化以及所有权与管理权分离的情况下,协调大学各利益相关者的相互关系,降低代理成本,提高办学效益的一系列制度安排。[22]赵成从公共管理学和经济学两个角度来理解大学治理,认为公共管理学视角的大学治理主要是作为现象描述或修辞使用,没有带来比传统大学管理研究更丰富的内容;经济学视角的大学治理是作为一种分析范式,离析出企业的具体特质,置换成大学的本质特征,用于研究大学如何更有效地实现目标。[23]

(三)大学治理结构

龚怡祖认为大学治理结构是一个帮助大学适应现代社会复杂环境、引导并推进大学治理发展水平的"超组织结构运行机制",其实质是遵循大学内在逻辑并与现代社会相契合,重建大学变化中的力量平衡,为此有必要把"党委领导、校长负责、教授治学"的决策权结构视野,扩大为"社会参与、党委领导、校长负责、教授治学并参与决策"的视野。[24]祁占勇认为大学内部治理结构是指为维护高校的公益性目标,保证高校持续、健康、有序地发展,由法律法规等规定的有关高校内部权力分配与制衡的制度体系,其实质是对高校内部权力分配与制衡所作的一种制度安排,以达到相关利益主体之间的权力、责任和利益的相互制衡,追求各方利益的协调和均衡。[25]张应强、蒋华林从现代大学制度建设的视角,提出了大学治理结构的三个层面的问题:大学与政府的关系、大学与社会的关系以及大学的内部治理结构。[26]De Boer 等采用了政治学中关于权力的三个分析维度,即民主与监督,权力的水平分配(议会制与总统制)和权力的垂直分配对荷兰大学治理结构中权力结构的变化进行了分析。[27]

对大学治理结构的研究,学者们主要从以下五个方面展开:

一是研究内部的权力结构。Birnbaum 认为大学包括两个体系,即基于法律的行政权力体系和基于学术的教师体系,大学治理就是为实现两个体系平衡的结构和运作过程。[28]Karl E. Weick 从大学决策结构的视角,研究了大学治理中的决策分权。[29]陈笃彬认为高校的权力结构由两部分组成:行政权力和学术权力。其中,学术权力是指学术人员所拥有的权力,行政权力是指由高校各级行政部门所拥有的权力。[30]秦惠民认为我国的大学治理是一个包含四种基于法律明确规定的基本权力的权力结构体系,即:中国共产党对高校领导的政治权力、校长行使行政管理职权的行政权力、学术性任务型组织所行使的学术权力、以一定组织为形式的民主管理和监督的权力。[31]孙天华分析了大学的科层组织特征及效率,认为我国公立大学的内部治理结构与其他国家高校的二元权力结构不同,主要表现为政治、行政、学术三元权力结构,此结构中因学术权力弱化而凸显政治与行政的双子权力系统。[32]

二是研究大学与外部的关系。朱浩、陈娟从美国大学治理的历史演进视角,分析我国大学外部治理结构,认为政府是将高等教育视为一项国家事业和一种公共产品,因而试图"自上而下"地对我国高等教育系统的方方面面进行控制。[33]许慧清研究了大学外部治理的社会监督,认为大学外部治理结构是大学与政府、区域经济、社会以及其他外部利益相关者之间的关系结构,通过一些必要的权力运作和配置机制达到各种相互关系的平衡,从而保证整个系统有效运行和协调发展。提出政府要逐步放权,积极培育教育中介组织,不断扩大社会合作,从而充分调动社会各界关心支持高等教育发展。[34]杨朔镔基于利益相关者理论,认为大学外部治理结构变革的实质是平衡大学外部治理相关者与治理主体间的利益关系,促进各利益相关者相互依存、共同分享责任和资源,从而最终实现社会公共利益的最大化。[35]

三是研究构建大学治理结构的原则。Norback 提出构建大学治理结构的三个标准化原则。[36]De Boer 运用公共管理理论的公共协商机制,提出建构大学治理结构所应当遵循的合作伙伴原则。[37]Jones 等认为由于高等教育的国际化和全球化的多重性,大学治理结构由此具有复杂性,大学治理包括多重水平的治理。[38]方芳提出大学治理结构的核心是多元化权力的合理配置与有效运行,重构现代大学制度下的大学治理结构关键在于明确大学外部治理结构中政府与大学的权力界限,平衡大学内部治理结构中政治领导权、行政权、学术权以及民主参与权的合理运行。[39]

四是研究大学的共同治理。Trow 认为,共同治理代表的是教师和行政人员共同工作的承诺,包括各级学术人员对于大学整体发展目标的投入、责任共担的意识以及对治理过程的参与和尊重。[40]Love 认为教师参与的共同治理具有一定的作用,当教师能够参与共同决策,有利于发挥他们参与管理的水平。[41]Redmond 认为教师共同参与治理对于行政和教员之间关系的改善具有积极作用。[42]Gallos 认为重建教师与行政二者的关系,有赖于把大学评议会作为共同治理的核心。[43]Blase 等认为由于大学传统官僚体制的根深蒂固,大学共同治理面临着许多困难。[44]

五是从利益相关者的视角研究大学治理结构。于文明认为多元利益主体的生成对现行大学制度形成了挑战,协调我国公立高校多元利益主体的现代大学制度模式框架包括:以党委会为主导的大学委员会决策体制,以校长为枢纽的专业委员会执行体制,以政府、高校和社会相结合的监督反馈体制。[45]苏守波、康兆庆从利益相关者的视角认为,作为协调大学内部利益关系的大学治理结构需要重视各利益相关者的权力诉求,准确把握这些利益群体的特点,不断建立"向学院放权,增强学院的办学自主性;向教师放权,激发教师的教学科研积极性;向学生放权,调动学生支持学校发展的民主参与性"的内部治理结构。[46]

(四)大学治理能力

一个国家、地方和单位的功能归根到底还是要靠人去推动和落实,人始终是治理能力的关键因素。在国家治理层面,不少学者提出领导干部是国家治理体系的重要主体,领导干部的能力直接影响到治理能力。例如,樊怡敏认为,领导干部作为国家政府的代理人,其治理能力的强弱直接影响着国家治理体系和治理能力的现代化程度。[47]

大学治理能力是国家治理能力的下位概念。在国家层面正式提出治理体系与治理能力现代化之后,学者开始关注大学治理能力的问题。龙献忠、周晶等认为,大学治理能力是大学内外相关利益主体为了完成共同的使命,运用大学制度和机制管理大学各项事务的整体性能力。[48]陈金圣认为,治理能力是大学各利益相关者参与大学重大事务决策时所体现出来的一种整体性能力,它既取决于大学治理体系这一关键载体和有形设施,又取决于大学治理中的"人"所具有的综合素养等无形因素,甚至还在相当程度上受外部大学治理环境的影响。[49]余华认为,高校治理能力是高校运用各种手段和方式寻求诸多利益主体之间利益平衡的能力,即通过合理有效地运用高校治理体系、协调和控制相关利益主体间利益大小、均衡各相关利益主体的利益博弈,达到各方获利目的的能力,表现为高校治理的合力、动力和阻力。[50]别敦荣认为,高等教育治理能力是治理主体,即治理组织和相关人员开展治理活动、实现治理目标的能力。[51]

大学领导班子是大学治理体系的核心和关键,大学领导班子的结构特征和领导力决定大学治理能力的高低。何慧星、孙松认为,治理能力是治理体系框架下的治理效能,是治理制度规范下的治理水平,因此要提升高校党委、政府、高校和社会四大主体的治理能力,具体包括高校党委领导力、政府管理能力、高校办学能力、社会参与能力。[52]胡林岚揭出了高校管理部门的四种治理能力,包括观念更新和思想创新的能力、组织结构建设的能力、资源整合和利用的能力和国际化管理服务的能力。[53]瞿振元认为,在治理理念下,要转变政府对高等教育的管理模式,健全高等教育内部治理结构,提升高校内部治理能力,创新高等教育评估机制,实现管办评分离,从而建设中国特色高等教育治理体系,推进治理能力的现代化。[54]徐艳国认为,教育治理能力是国家教育制度执行能力的集中体现,治理能力直接决定治理效果。[55]宣勇、钟伟军认为,校长是中国特色大学治理结构中的核心行动者,其管理专业化水平在很大程度上决定着大学治理能力的现代化水平。[56]

(五)大学治理变迁

范德格拉夫等学者从历史演化的视角比较分析了德国、法国、英国、美国和日本等国家的大学治理结构的演变,并把大学治理模式分为德国模式、英国模式、美国模式、日本模式。[57]甘永涛认为英国大学治理结构的演变表现为"牛桥"的"学者自治"、城市大学的"学者主导"、联合大学的"联邦制"、新大学的"共同治理"以及"92后大学"的"双会制"五种模式。英国大学治理结构模式的变迁反映了特定历史阶段的社会需要、政治权威集团自身的需求以及大学自身的逻辑,大学治理结构的变革在实践上主要是从政府与大学两个方面进行。[58]

史彩霞运用新制度经济学的制度变迁理论,认为大学治理的低效率主要是指大学没有形成合理格局,不能使教育资源得到充分的开发,不能有效地发挥和利用其教学、科研及直接为社会服务的功能。[59]李建奇通过对我国大学治理结构变迁的分析,认为构建一个适应社会发展要求、符合本国实际和大学逻辑的大学治理结构,必须重构现代大学治理理念,特别是要克服大学治理结构变迁过程中的路径依赖,注重在强制性变迁和诱致性变迁之间作出合适的转化。[60]钟云华、向林峰提出大学治理结构变迁有强制性和诱致性两种方式,随着高校及其管理者获利动机加强、资本所有者预期的改变以及外部资本的介入,我国未来大学治理结构变迁方式将从强制性向诱致性转变。[61]

李轶芳认为受长期的计划经济体制的影响,中国的公办高校形成了类似于政府行政管理的内部治理结构,利用制度变迁的路径依赖理论能够合理地解释制约结构变革的深层根源。[62]周光礼通过对多伦多大学治理模式变迁的案例研究,认为权力冲突是多伦多大学治理模式变迁的动力机制。这一治理模式变迁是政府、社会、董事会、校长、行政人员、教师与学生多方参与的复杂博弈过程,权力对比在制度变迁中发挥了很大的作用。[63]

二、大学创业

(一)创业理论

对大学创业的研究,源于对创业理论的研究。林强、姜彦福等人把创业理论归纳为八大学派:"风险"学派、"领导"学派、"创新"学派、"认知"学派、"社会"学派、"管理"学派、"战略"学派和"机会"学派,并认为创业研究的理论基础应该由三部分构成,即创新理论、风险理论和企业管理理论,相应的创业体系研究的三个维度分别是创新、风险和管理。[64]

创业的本质是创新。因此,学界把熊彼特关于创新的概念等同于创业的概念,认为创业就是把一种从来没有的生产要素和生产条件的新组合引入到生产体系之中。林强、姜彦福等认为创业是企业管理过程中高风险的创新活动。创业在本质上是一种创新活动。创业是一种高风险的活动,当前的创业大多发生在高科技产业更多是凭借创业者的高智力劳动进行的,高智力劳动使得创新过程更难以把握,创新结果的不确定性更大,这也会加剧创业的风险。[64]创业的关键是通过机会识别和开发来整合创业资源。有的学者围绕机会识别与开发来定义创业,例如 Shane 等认为创业是发现并开发这种有利可图的机会。[65]Stevenson 等认为创业是整合资源从而达到开发利用机会的过程。因此,创业重在资源的整合,而不是根据现有的资源情况去决定机会识别。创业就是突破当前资源的限制,去识别和利用机会。[66]Bruyat 等认为,创业是个体创造新的价值的过程,在他们看来,创业个体通过识别和利用机会,在与环境相互作用的过程中创造出新的价值、新项目和新组织。[67]Miller 提出公司创业的概念。创新是创业最核心的特征。[68]Morris 等认为公司创业形式的不同,意味着不同的控制和自治程度。[69]

创业是经济增长的强大引擎。随着创业经济的兴起,学者从多种学科对创业展开研究,形成了基于多种学科综合的创业理论。朱仁宏认为,创业研究理论的概念框架,包括创业家个人特征与社会特征、创业环境、创业机会、创办新企业、新企业绩效和退出活动。[70]李力涛认为创业研究整合框架主要由环境、创业主体禀赋、创业决策和行动、创业绩效等变量构成。[71]综合以上学者的观点,创业理论主要包括四个方面:

第一,创业者。创业者是创业的个体,对创业者的研究主要涉及创业者的心理因素。成功的创业者被认为应该具备执着于探索更多的创新机会、专注于对个别机会的开发利用、快速行动不止于机会分析,注重对专业知识和其他资源的开发利用等典型特征。[72]现有的研究表明,心理特征和个人背景对创业活动都会有重要影响。心理特征是影响创业行为的一个重要因素,创业者一般具有可以解释其行为的共同人格特征,例如具有强烈的成就需求、倾向于冒险行为、较强的竞争意识和创新能力。创业者的个人背景也会影响创业行为。Man 等认为创业者过去的创业经历能够预见企业的未来绩效。[73]实证研究表明,那些拥有高等教育学历的创业者的创业成功率是自我雇佣者和小企业经理的两倍,85%的技术创业者都曾获得学位。[72]

第二,创业机会。创业的过程,实际上是创业者围绕创业机会的识别、开发和利用的过程。因此,如何识别和开发创业机会,是创业成功的前提条件和必要条件。创业机会是一种特殊的商业机会,隐藏着实现高额商业利润的潜力。Kirzner 认为创业机会是在不确定的市场需求和资源能力的情况下,通过发现和创造新的方法与目的关系途径来实现创业收益。[74]识别机会是创业过程的起点。一般认为,创业机会来源于三个方面:一是技术创新。在科学研究的推动下,新的技术变革能够为新产品的产生创造条件,并调动新的市场的形成。二是社会变革。经济社会改革意味着利益的重新分配和新的经济格局的形成,蕴含着丰富的创业机会。三是市场需求。创新是对经济社会生活需求的回应,市场的需求,本身就意味着无限的商机。企业家对创业机会的发现是创业过程的起点,正是由于具有想象力、创造力的企业家能够发现市场上的创业机会,并采取正确的决策才导致新组织的诞生。[75]Ucbasaran 等认为机会识别是一种态度变量,因此构建了警觉性识别和发展性识别两种机会识别模式:创业者善于捕捉机会,具有较高的敏感性和洞察力,属于警觉性识别;创业者善于发现概念的逐渐演化,并在学习中赋予它新的内涵,则属于发展性识别。[76]

第三,创业资源。资源是保持竞争力的关键,也是创业的必备要素和条件保障。Wernerfelt 认为企业资源是指能够给企业带来优势或者劣势的任何东西。[77]罗辉道认为企业所拥有或者所能控制的所有能给企业带来优势或者劣势的东西为企业的广义资源。资源有一般资源和战略资源之分。一般资源是指具有一般价值,容易获得或者模仿的资源。战略资源指的是不容易获得与模仿,并能够给企业带来超额利润与竞争优势的资源。Barney 认为这些能够给企业带来竞争优势的战略资源,具有稀缺性、有价值、不可替代、难于模仿的特征。[78]创业资源,实际上就是企业在创业过程中投入的各种资源的总和。在整合创业资源的过程中,识别关键资源至关重要。在创业资源中,资金、场地等有形资源是创业的基础要素,人才、管理、科技资源是创业的关键要素,政策、信息、品牌、文化等环境资源同样不能忽视。[79]Elfring 等人认为创业企业所采取的创业策略取决于创业资源,而创业策略的选择、实施对创业活动产生重要影响。[80]

第四,创业环境。创业者对创业机会的识别和开发,对创业资源的整合和利用都离不开创业环境,并受到创业环境的影响和制约。创业是创业者与环境的交互过程。因此,创业环境对创业活动的影响不容忽视。Gartner 认为创业环境包括资源的可获得性、周边的院校与科研机构、政府的干预和创业态度。[81]刘霞认为创业环境是新企业创业活动的舞台,时刻围绕在其周围并持续影响其活动效率。创业环境包括政策制度环境、经济环境、科技环境、社会环境、基础设施与社会服务体系、自然环境。[82]动态性是创业环境的最显著特征。创业环境动态性是指企业所处环境的变化不确定,难以进行预测和控制。动态性是由创业环境中存在的不稳定因素和不确定性因素造成的,动态性增强了创业的风险,同时也带来新的创业机会。

(二)大学创业的概念

大学创业是创业在大学的具体体现。因此,基于对创业的不同理解,不同的学者对大学创业也有不同的看法。主要可以归纳为广义和狭义两种观点:一是广义的大学创业。广义上的大学创业泛指创新。Abreu 和 Grinevich 认为,大学创业不仅包括能够增加社会福利的活动,还包括能够促进大学组织发生积极变化和使学校增加财政收入的活动。[83]Mars 和 Rios-Aguilar 等认为,大学创业是通过发展和实施创新战略创造持续的经济社会价值的过程。[84]二是狭义的大学创业。狭义的大学创业特指大学知识的商品化。Grimaldi 等则从狭义的角度认为大学创业就是知识创新的商业化。[85]Jain 等认为任何具有潜在的商业利益的技术转移行为都可以成为大学创业。[86]Etzkowitz 认为大学创业活动包括大学创办企业、成立具有企业性质的科研团队、设立产学研中心和建立知识产权保护制度。[87]

(三)大学创业的影响因素

基于创业理论的视角,不同的学者对创业的影响因素提出不同看法。Gartner 认为创业成功的关键是管理和协调好个人、组织、环境和创建过程这四个要素,促进它们的有效配置。[81]Antoncic 等认为公司创业影响因素可分为组织和环境两大方面。[88]

大学创业是创业的一种特殊形式。很多学者对影响大学创业的因素进行研究。例如,从创业型大学建设的视角,影响因素有知识经济、高等教育大众化、政府投资、工业需求、科技开发结构。[89]从技术转移的视角,影响因素有知识生产方式、学科发展水平、学术组织、校企合作平台、高校的外部政策法律环境和知识资本的市场运作机制等。[90]从科技成果转化的视角,影响因素有高校系统内部供给、企业需求、科技成果转化机制、政府管理体制。[91]从大学衍生企业创建的视角,影响因素有学者型企业家、大学 R&D 成果的商业化应用、利益分配机制、大学创业孵化器、创业资金支持。[92]综合以上学者的观点,大学创业的影响因素主要有以下几个方面:

1.环境因素

创业机会存在于环境之中,也受到环境的制约。创业环境是影响创业的关键要素。[93]大学创业环境包括政治、经济和文化等。其中,政府政策是最主要的环境。政府的政策影响到大学创业机会和创业决策。政府对大学干预是大学政治化的集中体现。这种干预主要基于高等教育在经济社会发展中的极端重要性,大学的人才培养、科学研究和社会服务无不关系到国家的发展与稳定,因此政府的干预具有合法性与正当性。尽管不同程度的大学政治化会影响到大学自治,对学术自由产生不同程度的干扰,影响大学学术探究,但是政府的干预有时也有助于大学与经济社会发展紧密结合,促进教学、科研和创业的良性互动。欧盟的各国和地方政府日益将高等教育视为经济发展的重要力量。[94]在大学创业,政府承担着重要的职责。世界大多数国家的经验表明,政府采取的各种支持措施是促进大学创业的重要因素。在发挥市场机制的基础上,世界大多数国家的主要政策措施有:法律体系建设、组织机构保障、资金引导支持、服务体系构建、激励机制建立等。[95]Shane 对美国 117 项大学专利许可的研究发现,《贝杜法案》颁布前,大学主要通过收取许可费来转让专利;而《贝杜法案》颁布后,大学则以股权投资为主的方式来实施专利转让。这说明,《贝杜法案》对大学技术转移具有明显的影响作用。[96]

2.资源因素

创业资源是影响大学创业的主要因素。创业资源主要包括大学的人力资源和支持大学创业的研发投入。人力资源是大学的核心竞争力之所在,也是大学创业的核心资源。人力资源决定了大学知识生产的水平。只有高水平的知识生产,才能够为大学创业提供技术创新源泉。创业能否成功,直接取决于技术的成熟度。一般而言,高水平研究型大学具有雄厚的科研实力,能够更好地解决企业的技术难题,而一般教学型大学,科研实力较弱,提供技术创新的能力有限。此外,研发经费也是大学创业的重要资源。研发经费是知识创新、技术创新和科研成果应用的必不可少的要素。Xu 等研究了美国 123 所大学的面板数据发现,大学的研发经费、教师的规模和学术水平等因素对大学发明披露的数量具有正向影响。[97]Van Looy 等对英国 50 所大学的实证研究发现,技术转移办公室的规模和区域研发强度等因素对大学技术转移绩效具有正向影响作用。[98]

3.主体因素

在大学技术转让和研究成果的商业化过程中,人的因素最为重要,即商业化活动过程中涉及的相关个人要花大力气和时间建立有益的对外联系,才能有助于研究成果商业化的成功。[99]陈寒松等认为,创业成功的关键往往不在生产技术和产品本身,而在创业者能否突破传统思维限制,主动应对环境变化,整合组织内外部资源,创造出新的创业模式。[100]大学自身的创业文化氛围和创业组织机构设置都会影响到创业。Carlsson 认为影响大学技术转移绩效的机制,主要有支撑技术转移的学术文化、有效的信息沟通机制和对大学技术转移的资源承诺。[101]Xu 等对美国 123 所大学 2003—2005 年的面板数据的研究发现,技术转移办公室的规模和成立年限对大学专利许可的数量具有正向影响。[97]Powers 等对美国 120 所大学的实证研究发现,大学的研发经费投入和教师学术水平、技术转移办公室的成立年限和区域风险资本的投资强度等因素对大学衍生企业数量具有一定的正向影响。[102]

(四)创业型大学

20 世纪 80 年代,伯顿·克拉克和亨利·埃茨科维茨开创了创业型大学研究的先河之后,创业型大学研究受到学术界的广泛关注。在近十年,创业型大学的观点在科学管理研究和高等教育政策研究中成为热点课题。[103]

关于组织转型视角的研究。1998 年,伯顿·克拉克出版专著《建立创业型大学:组织上转型的途径》。该书从大学面临的生存发展压力、资金紧张等问题出发,以欧洲 5 所大学——英国中部的沃里克大学,苏格兰的斯特拉斯克莱德大学,芬兰的纽恩苏大学,荷兰东部的特文特大学,瑞典的恰尔默斯技术大学为实例进行了调查研究,探讨了这些大学是如何以企业化方式运转从而顺利渡过难关实现转型等问题,总结出强有力的领导核心、拓宽的发展外围、多元化的资助基地、激活的学术心脏地带、整合的创业文化五种向创业型大学转型的途径。[104]高明以美国斯坦福大学为例,分析了研究型大学向创业型大学转型的内部动因和外部动因及其转型的具体措施。[105]付八军则提出了不同的看法,他认为不管是教学型大学,还是研究型大学,都可以也应该转型为创业型大学。[106]

关于创业型大学发展模式的研究。Schulte 研究认为,创业型大学的使命主要有两个方面:一是训练未来的企业家,使他们可以创建自己的事业并富有创业精神;二是以企业化的方式运行,建立孵化器和大学科技园并让学生充分参与。[107]陈笃彬、李坤皇基于三螺旋理论,从组织使命、组织战略、组织变革和组织支撑四个层面探索澳大利亚创业型大学的典范——莫纳什大学的发展范式。[108]邹晓东、陈汉聪对创业型大学的两种不同研究路径的分析,探讨了"变革式"和"引领式"两种不同创业型大学的概念内涵。[109]

关于创业型大学评价和标准的研究。宋东林、付丙海、唐恒归纳了创业型大学创业能力的定义和构成要素,从创业文化、创业资源、创业人才培养、知识成果转化四个方面,构建了创业型大学创业能力评价指标体系,在评价方法上采用了模糊综合评价法。该评价体系能对我国高校的进一步发展提供理论指导。[110]王雁、李晓强分析了创业型大学的典型特征和基本标准,认为创业型大学的价值理念、典型特征和基本标准,对于加速我国创业型大学的发展,创建世界一流大学,建设创新型国家具有重要的启发和借鉴意义。[111]

三、大学治理对大学创业的影响

(一)大学治理对大学创业影响的理论基础

1.三螺旋理论

三螺旋理论是一种基于大学—产业—政府关系的创新理论。1994年,罗伊特·雷德斯多夫提出要建构一种新型的大学—产业—政府关系模式,以促进大学知识商品化进程。1995年,亨利·埃茨科维茨和罗伊特·雷德斯多夫共同出版了《大学与全球知识经济:大学—产业—政府关系的三重螺旋》,提出了大学—产业—政府关系的三螺旋创新理论。[112]在创新三螺旋中,产业作为创新的主体拉动创新,创业型大学通过知识和技术转让推动创新。[113]三螺旋理论下的大学越来越重视知识创新的技术潜力和经济价值,开始兼顾基础领域和应用领域的创新活动。[114]

三螺旋创新是指大学—产业—政府三方在创新过程中密切合作、相互作用,同时每一方都能保持自己的独立身份。[112]在亨利·埃茨科维茨看来,大学、产业、政府这三个机构范围每一个都表现出另两个的一些能力,但同时仍保留着自己原有作用和独特身份。由于联系和作用,代表这些机构的螺线都获得更大的能力进一步相互作用与合作,支持在其他螺线里产生的创新,由此形成持续的创新流,共同发展。在三螺旋理论中,大学是创新的重要主体,是新知识新技术的来源,也是知识经济的生产力要素。在三螺旋创新中,由于主体之间的资源依赖,大学、产业和政府彼此之间加强了互惠关系,形成良性的互动机制,并孕育出新的三边网络和混成组织,使各机构的作用都得到有效增强。

政府在创新中发挥什么样的作用,是三螺旋理论关注的重点。亨利·埃茨科维茨认为,三螺旋来自过去的政府与产业的双螺旋关系,即:国家主义和自由放任主义。在国家主义模式中,政府是社会的主导机构,基础研究和应用研究都是由政府统一协调安排。在发展中国家和当国家处于危急关头,政府干预也具有一定的吸引力。在自由放任主义中,政府的作用局限于拟补"市场失灵",发挥有限的作用。按照亨利·埃茨科维茨的观点,这两种双螺旋结构都不能为以知识为基础的创新提供令人满意的体制。因此,必须从双螺旋结构向非线性的三螺旋方向转变。从三螺旋模型社会背景来看,政府的作用将会更加基础,不可或缺,与市场经济中看不见的手互补。[115]政府在创新中发挥着重要作用,通过直接政策和间接政策影响大学与产业关系的基础。对于政府作用的发挥问题,亨利·埃茨科维茨关注到中央政府权力的下放。三螺旋理论主张,不同地区的情况不同,中央政府难以提出适用于所有地区的合适战略,因此应该根据本地区的竞争实力和能力来制定具体的政策措施,不能搞一刀切。

2.制度经济学理论

制度经济学理论的研究,虽然不直接涉及大学治理与大学创业的关系,但是由于大学治理本质上是一种制度系统,大学治理这一概念,是借鉴和吸收公司治理而发展起来的,因此,这些研究为本课题提供了有益的启示。

诺思认为,制度在社会中具有基础性的作用,是决定长期经济绩效的根本因素。[6]已有不少文献研究公司治理对企业技术创新的影响。治理结构对技术创新的投入与目标形成,尤其是创新内容选择都存在着约束和激励作用。目前研究公司治理结构与技术创新关系的文献,主要是从公司治理模式、所有权结构和董事会规模等方面对技术创新的影响展开研究。[116]研究结果表明,公司治理模式、董事会结构特征、股权结构特征与性质等对企业技术创新具有重要的影响。Lehrer 等人通过分析美国、德国、英国、法国四国的数据,研究发现公司治理对企业技术创新具有重要作用。[117]Zahra 等人以 231 家中等规模的制造类企业为样本,研究了公司董事会规模对企业创新的影响。研究结果表明,董事会规模适中对企业创新有正向影响作用,最优人数为 11 人。[118]Madden 等人研究了股权性质对技术创新的影响,发现增加私人所有权能够减少政府对企业的控制,有利于企业技术创新。[119]

企业组织结构对企业绩效的影响研究,是本研究借鉴的另一个理论基础。组织结构是一个组织中对工作角色的正式安排。Verdu-Jover 等人以 417 家欧洲企业为样本,对组织结构与创新绩效的关系进行实证研究。研究发现,企业组织的灵活性有利于企业更好地适应环境,从而促进企业创新绩效的提升。[120] 许庆瑞、刘景江等人的研究表明,组织结构是影响企业技术创新项目有效实施的核心因素,也是制约企业技术创新速度的关键因素。提高创新速度主要在于改善企业组织结构,使 R&D 部门、市场营销部门、生产制造部门通力合作,采用灵活多变的多学科专业的项目组织。[121]

(二)大学治理对办学绩效影响的研究

从办学功能的角度而言,大学创业实际上也是大学办学绩效的一个重要方面,因此,大学治理对办学绩效的影响研究为本研究提供重要参考。国内外学者对大学治理与办学绩效的关系的研究,主要有两种观点:

第一,大学治理对办学绩效具有影响作用。在国外,一些学者认为大学治理影响办学绩效。例如,McCormick 和 Meiners 根据全美大学教授联合会所做的教授参与决策的调查数据进行实证研究,研究表明教授参与决策的程度越高,大学的业绩表现越差。[122] Brown 的研究发现,大学的业绩与教授参与管理学术事务的程度正相关,与教授参与行政事务的程度负相关。[123] Villar-real 通过对西班牙大学案例的研究表明,大学治理结构有助于大学绩效的改进。[124] Kezar 认为,大学领导能力、人们之间的相互关系和信任等非结构性因素比大学治理结构更能够提升大学的治理绩效。[125]

在国内,一些学者也做了有益的探索。例如,肖静以 100 所重点大学为样本,研究了大学权力结构中行政权力与学术权力相对大小对大学效率的影响。她利用"网大"的大学排名,构建了大学效率的评价指标,用"网大"的《中国大学排行榜》中"教学与辅助用房面积及生均面积得分"作为测量行政权力的指标,用"网大"的《中国大学排行榜》中"专任教师和科研机构人员人均科研经费投入得分"作为测量学术权力的指标。研究表明,学术权力的边际贡献比行政权力的贡献大,即:扩大行政权力对绩效的影响,低于扩大学术权力对绩效的影响。[126] 李维安、王世权以 429 所大学为样本,研究了大学治理对办学绩效的影响。他们用行政权力指数、学术权力指数和政学对比度来度量大学治理。行政权力的测量指标主要有:党委人数、党委(副)书记与校长是否兼任、纪委人数等;学术权力的测量指标主要有:校长与副校长中教授/博士生导师数、学术委员会的设置与运行等;用学术研究能力、社会服务能力、人才培养能力来测量大学绩效。研究表明,政学对比度与大学绩效呈现倒 U 形关系,并且当政学对比度取值在 0.53 时,大学绩效最优。[127] 古继宝、张颖等人以清华大学等 45 所工科的"211 工程"大学为样本,采用回归分析的办法,研究了大学权力治理结构对大学人才培养水平和科学研究水平的影响,发现大学的人才培养水平和科学研究水平都会随着大学权力治理结构中学术权力的增强而提高。[128]郎益夫、刘希宋把超产权理论的企业产权、竞争、治理机制与绩效相互关系模型引入高等学校中,认为高等学校的绩效不但与产权有关,更与其治理结构和治理机制有关,但缺乏定量和实证研究。[129]

第二,大学治理对办学绩效没有影响。2001年,卡普兰的一项对美国1321所四年制院校的大规模调查发现治理结构不能信服地解释高等教育机构不同的绩效。此外,卡普兰认为,由于权力的归属与决策结果关联不大,因此,学术体系与行政体系之间的利益冲突和目标冲突也不明显,从而导致大学治理结构与绩效无关。[130]

(三)大学治理对大学创业影响的研究

大学治理与大学创业都是高等教育研究的热点领域,但是现有的研究并没有关注二者的内在关系,因此缺乏专门的系统研究。尽管如此,国内外已有的相关研究为本书奠定了良好的基础。

在国外,已有少数学者从大学组织转型和三螺旋理论等视角来研究大学创业问题,但还不是系统研究大学治理对大学创业影响。例如,以伯顿·克拉克和亨利·埃茨科维茨教授为代表的学者,对创业型大学进行了系统而深入的探讨。伯顿·克拉克认为,强有力的驾驭核心、拓宽的发展外围、多元化的资助基地、激活的学术心脏地带和一体化的创业文化五个核心要素是建立创业型大学的关键。[104]亨利·埃茨科维茨从构建政府—产业—大学的三螺旋关系的视角来研究创业型大学。丽贝卡·S.洛温以斯坦福大学为例,对联邦政府和企业通过资助的方式介入大学教学科研的过程进行了深入的研究,认为美国大学的领导者连同资助者和一些科学家一起强烈地影响了斯坦福大学的转型。[131]Yokoyama通过研究英国和日本的四所大学的大学创业活动,发现以市场为导向的大学治理、管理、领导和资助等行为,有利于大学更好地适应外部环境的变化。[132]Jones研究了加拿大高等教育系统,发现在持续增长的经费和新兴研究领域的压力下,大学评议会在学术决策中的主体作用的有效发挥,有利于大学化解治理压力。[133]这些研究虽然没有直接点明大学治理影响大学创业的观点,但实际上已经隐含着这样的观点。

在国内,现有的文献也没有直接关注大学治理与大学创业的内在关系。2013年1月,以"大学""治理"和"创业"为篇名的精确检索词在中国知网进行中文检索,没有检索到任何一篇文献。这说明,学术界还未关注到大学治理对大学创业的影响作用。两年半之后的 2015 年 7 月 5 日,再次在中国知网,按照上述条件检索,只有 4 篇相关论文。题目分别是:《打造"学科尖塔":创业型大学治理模式的创新及其启示》[134]《新兴创业型大学的外部治理模式——以韩国浦项科技大学为例》[135]《新兴创业型大学治理模式研究——以香港科技大学为例》[136]《治理视野下大学创业教育管理的问题及对策》[137]。虽然,这四篇文献已涉及了从治理视角来看大学创业,但仍然不是系统地研究大学治理对大学创业的影响关系,更没有从机理层面、定量实证层面和对策层面来系统探讨大学治理对大学创业的影响关系。

四、以往研究的简评

通过对国内外文献的梳理,大学治理对大学创业影响的研究尚未引起学术界的重视,但是现有的相关研究为本书奠定了良好的基础。

第一,对大学治理的理论研究比较丰富,但定量研究较为匮乏。自从 1960 年 Corson 首次提出大学治理的问题以来,国内外学术界以公共治理理论和公司治理理论为基础,从大学与政府、社会的关系以及大学内部权力关系等方面对大学治理进行了深入系统的研究。基于制度经济学的视角,学术界还研究了大学治理的变迁问题,为打破大学治理的路径依赖、推进现代大学制度建设奠定了理论基础。然而,现有的研究,大多是定性的理论分析,定量的研究较少。究其原因,如何对大学治理结构这一个抽象的概念进行定量测量是一个难点。

第二,对大学创业的影响研究比较零散,治理因素受到忽视。国内外学者对创业型大学开展了系统的研究,从创业型大学的组织要素、转型、发展模式、创业能力评价等进行了深入研究。但是,对于大学创业的研究比较零散,大多是从技术转移、大学衍生企业、大学科技园、政产学研合作等不同视角来进行,缺乏系统性的整合。同时,现有的研究,从不同的视角比较全面地分析了大学创业的影响因素,例如从创业导向、科学生产率、大学规模、学科结构和研发强度等方面来进行研究。[138]虽然也有涉及大学治理相关因素,但是还没有认识到大学治理是影响大学创业的根本因素。

第三,大学治理与大学创业都是近年来的研究热点,但现有文献尚未专门研究大学治理对大学创业的影响。国外已有少数学者从大学组织转型和三螺旋理论等视角来研究大学创业问题,但还不是系统研究大学治理对大学创业影响。国内已有些文献已涉及了从治理视角来看大学创业,但也不是系统地研究大学治理对大学创业的影响关系,更没有从机理层面、实证层面和对策层面来系统探讨大学治理对大学创业的影响关系。

第四,大学治理对大学创业的影响研究虽是空白,但具有良好的研究基础。现有的研究没有认识到,大学治理对大学创业所具有的根本性的影响作用,更谈不上去关注大学治理是如何去影响大学创业的问题。尽管如此,相关的研究却非常丰富,为本研究奠定了良好的基础。例如,制度经济学的理论观点、公司治理对企业技术创新的实证研究、大学治理对办学绩效影响的研究等,为本书的研究提供了有益的启发、借鉴和参考。少数初步涉及大学治理与大学创业的文献,更是为本书的研究奠定了基础。

第三节　研究目标与内容

一、研究目标

本书通过理论研究、实证研究和对策研究,构建大学治理对大学创业的影响机理模型,提出基于大学治理的大学创业提升的对策建议。研究的主要目标有:在大学治理理论研究的基础上,构建大学治理对大学创业的影响机理模型;实证分析大学治理对大学创业的影响;针对我国大学治理对大学创业的影响和制约,提出基于大学治理的大学创业提升的对策建议。

二、研究内容

(一)大学治理与大学创业的理论与实践研究

对大学治理的理论进行拓展,并分析了我国大学治理的现状和困境,为研究大学治理对大学创业的影响奠定理论与实践基础。在剖析大学治理结构的基础上,对四个国家的大学治理进行比较,提出大学治理的演化特征和价值逻辑,并分析了我国大学治理激励不相容的现实困境。从分析大学的功能与类型出发,对大学创业的特征与模式进行了理论探讨。在此基础上,把我国大学创业的类型分为基于办学战略定位的大学创业和基于办学功能拓展的大学创业,并分析了当前我国大学创业的现状与存在问题,为分析大学治理对大学创业影响以及提出对策奠定基础。

(二)大学治理对大学创业影响的机理研究

根据组织控制理论的分析框架,综合运用大学创业理论和三螺旋理论,构建了大学治理影响大学创业的机理模型。在大学内部治理中,分析了大学内部治理结构通过决策控制和组织整合对大学创业的影响以及大学领导班子结构对大学创业的影响。在大学外部治理中,分析大学外部治理通过政治干预的决策控制、组织整合和资源承诺对大学创业的影响作用以及社会参与通过决策控制和资源承诺对大学创业的影响。

(三)大学内部治理对大学创业影响的实证研究

通过实证研究,分析大学内部治理对大学创业的影响。主要包括三个方面的实证研究:第一,大学内部治理结构维度的实证研究。采用主观调查问卷的方式,运用结构方程模型对大学内部治理结构的测量维度进行验证性因子分析,对大学治理结构包括行政权力、学术权力、院系权力三个维度进行验证。第二,大学内部治理结构对大学创业影响的实证研究。通过调查问卷,运用结构方程模型对大学治理结构中行政权力、学术权力和院系权力对大学创业的影响进行定量研究。第三,大学领导班子对创业能力影响的实证研究。通过收集二手统计资料,探讨大学领导班子特征对大学创业的影响。

(四)大学外部治理对大学创业影响的实证研究

在理论分析和实证分析的基础上,以斯坦福大学和沃里克大学为例,就大学外部治理对大学创业的影响机制进行案例实证,进一步检验大学外部治理对大学创业的作用机制。

(五)基于提升大学创业的大学治理优化的对策研究

在机理研究和实证分析的基础上,针对我国当前大学治理中存在的制约大学创业的因素,从政治干预的适度化、社会参与的组织化、内部治理的多元化、章程建设的法治化等方面,提出通过构建激励相容的大学治理,以大学治理现代化来促进大学创业的对策建议。

第四节 研究思路与方法

一、研究思路

本研究总体上是遵循"理论研究—实证研究—对策研究"的思路。研究的总体思路如图 1-1 所示。

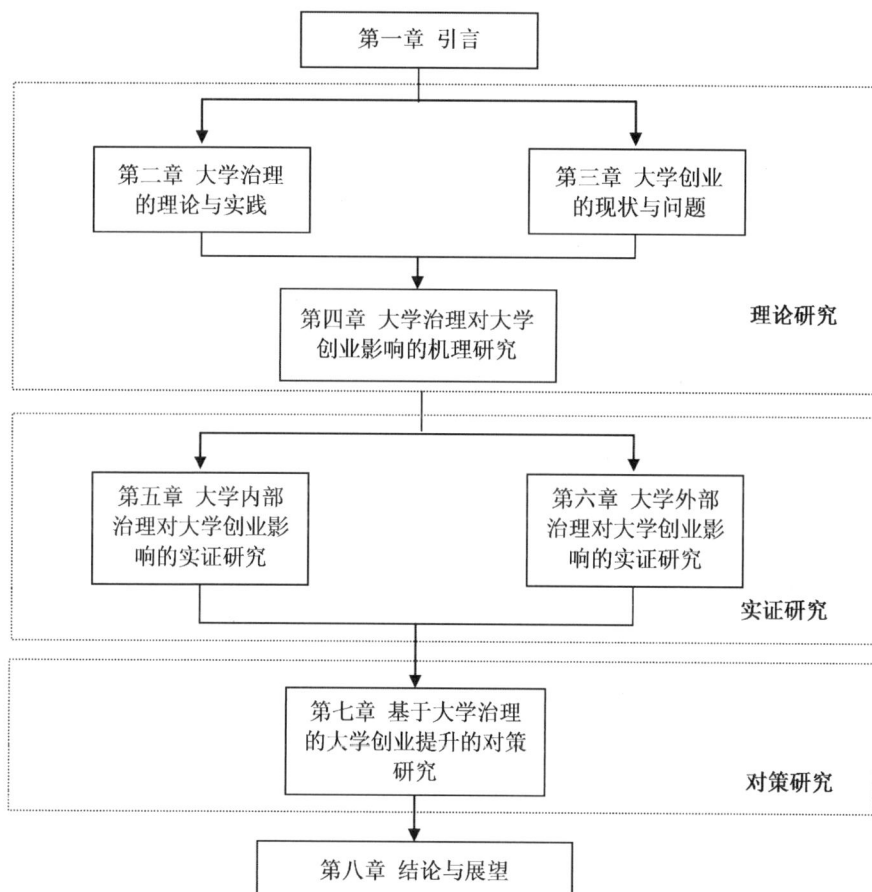

```
┌─────────────────┐
│   第一章 引言    │
└─────────────────┘
```

```
┌──────────────────┐          ┌──────────────────┐
│ 第二章 大学治理   │          │ 第三章 大学创业   │
│ 的理论与实践      │          │ 的现状与问题      │
└──────────────────┘          └──────────────────┘

         ┌──────────────────────┐
         │ 第四章 大学治理对大学 │        理论研究
         │ 创业影响的机理研究    │
         └──────────────────────┘
```

```
┌──────────────────┐          ┌──────────────────┐
│ 第五章 大学内部   │          │ 第六章 大学外部   │
│ 治理对大学创业影  │          │ 治理对大学创业影  │
│ 响的实证研究      │          │ 响的实证研究      │
└──────────────────┘          └──────────────────┘
                                              实证研究
```

```
         ┌──────────────────────┐
         │ 第七章 基于大学治理   │
         │ 的大学创业提升的对策  │        对策研究
         │ 研究                  │
         └──────────────────────┘

            ┌──────────────────┐
            │ 第八章 结论与展望 │
            └──────────────────┘
```

图 1-1 本书的总体研究思路示意图

首先,进行理论研究。在界定大学治理和大学创业相关概念的基础上,综合运用多学科理论,明确大学治理对大学创业的影响机理。以公司治理理论的最新研究成果——组织控制理论为主要框架,从决策控制、组织整合、资源承诺三个层面来探讨大学治理对大学创业的作用机制。

其次,进行实证研究。在提出研究假设的基础上,通过问卷调查和二手数据收集分析,对大学治理对大学创业进行实证研究,并以案例研究对大学治理对大学创业的影响进行案例检验。具体说来,实证研究包括了三个子研究:一是通过调查问卷,运用结构方程模型,从大学内部治理结构的层面,对大学内部治理结构对大学创业的影响进行实证分析;二是通过收集二手数据,对大学领导班子结构特征对大学创业的影响进行实证分析;三是通过对斯坦福大学和沃里克大学的双案例研究,对大学外部治理对大学创业的影响进行实证检验。

第三,对策研究。在理论分析和实证检验的基础上,针对大学治理对大学创业的制约作用,提出基于大学治理的大学创业提升的对策建议。

二、研究方法

本研究项目属于高等教育研究的范畴,也属于管理科学研究的范畴,以高等教育学、制度经济学、管理学等理论为基础,基于创业理论、三螺旋理论和组织控制理论等研究成果,综合运用多种研究方法对大学治理对大学创业的影响进行多层面研究。

(一)研究方法的主要特点

第一,坚持定性研究与实证研究相结合,既从定性角度上明确大学治理对大学创业的作用机理,又从严谨的实证分析来验证理论与假设。

第二,坚持多种实证研究方法相结合,通过调查问卷获得主观数据、收集有关二手资料获得客观数据、案例比较分析来实证检验等三种方法来进行实证研究。

第三,坚持理论研究与实践研究相结合,在理论研究和实证研究的基础上,针对我国大学治理对大学创业的影响和制约,提出优化大学治理从而提升大学创业的政策建议。

(二)具体研究方法

本研究综合运用多种方法来实现预定的研究目标和内容,具体的研究方法主要有以下五种:

第一,基于文献挖掘的理论分析方法。通过国内外文献检索,掌握大学治理、大学创业以及大学治理对大学创业的影响的现有研究成果和最新动态,通过比较借鉴和梳理分析,提出自己的看法和见解,进一步深化相关的研究。在研究了大学治理的概念、内涵、价值逻辑和困境的基础上,根据创业理论、三螺旋理论和组织控制理论,研究大学治理对大学创业的影响机理。这为下阶段的实证研究和对策研究提供理论基础。

第二,基于主观问卷调查的统计分析方法。借鉴前人的研究,并在与高等教育管理、管理科学与工程领域的专家反复磋商的基础上,自行设计了一套以李克特五点计分法的测量量表。运用这套测量量表,以我国113所大学的132份问卷为样本,通过问卷调查,运用探索性、验证性因子分析和结构方程模型对大学治理结构对大学创业影响进行定量研究,对提出的理论假设进行实证验证分析,为前阶段的理论研究提供了有力支持。

第三,基于客观数据收集的统计分析方法。在探讨大学领导班子特征与大学创业能力的相关性的同时,研究大学领导班子特征影响大学创业能力的作用机理。在研究中,以我国86所"211"工程重点建设大学和省属重点大学为样本,在理论分析和研究假设的基础上,采用回归分析,对相关性进行研究。

第四,基于案例研究的实证检验方法。以高等教育界公认的两所典型的创业型大学——斯坦福大学和沃里克大学为例,在收集大量文献的基础上,探讨了两所创业型大学的创业之路、治理之道,并分析两所大学的外部治理对大学创业的促进作用,从而实证检验大学外部治理对大学创业的影响。

第五,基于综合集成的对策研究方法。综合集成法是以钱学森等系统科学家提出的研究开放复杂的巨系统的方法论。由于提升大学创业是一个非常复杂的问题,大学系统本身也是一个开放复杂的巨系统,影响大学创业的因素比较复杂,为此在运用多种方法来研究大学治理对大学创业影响的基础上,提出提升大学创业的大学治理优化的对策建议,供政府部门和大学决策参考。

第五节　特色与创新

在国家提出"大众创新、万众创业"的时代背景下,推动大学治理变革,重构大学与政府、大学与社会以及大学内部关系,以大学治理现代化来推进大学创业是一项十分紧迫而又重大的研究课题。与现有的文献相比,本书的创新点主要有三个方面:

第一,把大学治理与大学创业这两个高等教育的热点领域关联起来加以研究,基于组织控制理论,初步构建了大学治理影响大学创业的机理模型,来探讨大学治理对大学创业的影响机理和作用,是本书的主要特色与创新之处。

现有的研究认为,制度对经济绩效的影响是无可争议的,制度在社会中具有基础性的作用,是决定长期经济绩效的根本因素。[6] 在公司治理领域,已有不少文献研究公司治理对企业技术创新的影响。很多研究结果表明,公司治理模式、董事会结构特征、股权结构特征与性质等对企业技术创新具有重要的影响。但是,现有的研究并没有关注到大学治理对大学创业的影响。实际上,大学治理本身是来源于公司治理的概念,属于制度系统,而大学创业的本质是创新,因此大学治理完全有可能影响大学创业。为此,本书聚焦"大学治理"与"大学创业"这两个概念,在大量文献和相关理论的基础上,基于组织控制理论的分析框架,从理论研究、实证研究两个层面探讨了大学治理对大学创业的影响。

第二,探索开发了基于主观调查问卷的大学内部治理结构的测量模型,并以此为基础运用结构方程模型实证分析了大学内部治理结构对大学创业的影响。

尽管学术界尚未关注到大学治理对大学创业的影响,但是目前已有不少学者定量研究了大学治理对办学绩效的影响。例如,在前文文献综述中所提到的国外的 McCormick、Meiners 和 Brown 以及国内的肖静、李维安、古继宝等学者的研究。但从总体上看,现有的研究大多数是定性研究,较少有定量研究。究其原因,如何对大学内部治理结构这个抽象的概念进行测量,是一个关键的难点。现有的少数定量研究的文献,大多采用客观指标来测量,有的测量指标的科学性有待检验,此外测量数据也很难获得。本书在理论分析的基础上,探索开发了大学内部治理结构的测量模型,并运用该测量模型对不同办学层次和办学规模的大学内部治理结构进行差异性分析。在此基础上,运用结构方程模型对大学内部治理结构对大学创业的影响进行实证分析。这不仅初步解决了当前大学治理定性研究多、定量研究少的瓶颈问题,也可以深入分析大学内部治理结构中行政权力、学术权力和院系权力对大学创业的影响。

第三,综合运用多种方法研究大学治理对大学创业的影响,并提出基于大学治理优化的大学创业提升的对策。

现有的文献在研究大学治理中,往往研究手段比较单一。本书探索大学治理对大学创业的影响,虽为抛砖引玉,但注重研究的系统性与方法的可行性。为此,在实证分析大学内部治理对大学创业影响的研究中,对于大学内部治理结构对大学创业的影响,采用基于调查问卷的结构方程模型来分析;对于大学领导班子结构特征,则采用基于收集统计数据的回归分析模型。在实证分析大学外部治理对大学创业影响的研究中,则采用案例分析法。

现有的文献,由于没有充分关注到大学治理对大学创业的影响,因此当然也就极少从治理层面来提出推动大学创业的对策建议。本书在机理研究和实证研究的基础上,针对治理中存在的对大学创业制约的因素,提出基于大学治理优化的大学创业提升的对策,为通过变革大学治理来释放大学创业活力提供参考。

第二章

大学治理的理论与实践

本章对大学治理的理论进行拓展,并分析了我国大学治理的现状和困境,为研究大学治理对大学创业的影响奠定理论与实践基础。从权力的视角,分析了大学治理中的内部横向结构、内部纵向结构和外部结构。提出大学治理具有历史的重要性、演化的多样化、结果的非最优性等演化的特征,有利于打破大学治理的路径依赖。分析大学治理的价值逻辑,提出我国大学治理现代化的价值逻辑就是以国家和公共利益为核心,促进各方利益的激励相容。通过对德国、法国、英国和美国等四个国家的大学治理结构进行比较分析,从全球化的视角来审视我国大学治理结构中存在的不足,为提出对策措施提供国际借鉴。分析了我国大学治理的现状,提出大学治理存在高等教育多样性与教育行政集权化的矛盾、学科发展动态性与大学治理封闭化的矛盾、学术活动特殊性与科层管理僵硬化的矛盾等激励不相容的现实困境。

第一节　大学治理的权力结构

大学治理结构是不同权力主体在大学中的权力配置关系,体现为一种对大学进行管理和控制的体系,其实质是大学决策权力的制度安排问题,既表现为大学内部权力的分配、协调与行使的制度,也表现为大学与外部环境,如政府和社会等其他利益相关群体相互作用的规则。[139]

大学治理结构的核心要素是权力。权力是一个比较模糊的概念,学界并没有统一的看法和观点。李海萍总结了权力的四种主要观点:能力说、关系说、影响力说和强制力说。[140]能力说是指权力是能够把意志强加于人的能力。例如帕森斯认为权力是为了实现系统目标的利益,使资源流通的一般能力。[141]关系说主要是指影响者与被影响者之间的影响与被影响的互动关系。影响力说是指一个主体对另一个主体行动的影响。强制力说,是指强制和支配他人的力量。

实际上,权力的本质是一种社会关系。这种关系的来源在于依赖性。正如,爱默森所说的"权力隐匿在对方的依赖之中"。[142]一方对另一方的依赖性越大,在双方的关系中拥有的权力就越小。这种依赖,主要来源于三个方面:一是资源。权力来自于一个人对另一个人所控制资源的依赖。[7]对资源占有的不平等,容易导致控制权大小的不一致,从而形成权力。政府与大学的权力关系,除了政府依法享有的对大学进行管理和控制的法定权力之外,最主要的还是大学对政府的资源依赖关系。美国高校的资源通常来自于社会捐赠、学费等社会资源,大学对政府资源的依赖性不高,从而导致美国政府对大学干预程度较低。二是职位。一个主体拥有一定职位或地位后,他也就相应地拥有对他人进行管理或控制的资源,比如工作岗位、工资福利等。大学的行政管理系统对大学事务管理的职责和权力,主要就是源自于管理职位。三是知识。知识是一种重要的资源,一个主体由于拥有比他人更多的知识,而具有的权力。对决策的参与,是权力最集中的表现形式。在决策中,拥有影响力大,则意味着权力大,反之,则意味着权力小。

因此,本书认为,权力是一种基于资源依赖的对组织决策的影响力。大学治理结构具体表现为各种权力主体对大学决策的影响程度。正如周光礼的观点,大学治理就是大学内外利益相关者参与大学重大决策的结构和过程,大学治理的核心问题是大学决策权力的分配。[143]从权力的视角看,大学治理结构,既包括涉及大学与政府、社会关系的外部治理结构,也包括大学内部关系的治理结构。

一、大学内部横向治理结构

大学内部治理的核心是行政权力与学术权力的配置关系。在中世纪大学,除了高级官员和同乡会、学院和学舍的官员之外,也存在其他常设的或者临时的官职—也承担管理的职责,但他们既不属于教师团体,也不属于学生团体。[144]这就表明,大学的行政事务和学术事务已经开始相对分离,出现了专门负责行政事务的行政系统。随着大学的发展,大学出现了以承担管理行政事务为主要职责的行政系统和以承担学术事务为主要职责的学术系统,因此,也就有了行政权力与学术权力。

（一）行政权力与学术权力的概念

对于什么是行政权力与学术权力,学界众说纷纭,并没有统一的看法。对于行政权力,多数学者从这个意义上去理解行政权力。例如,大学作为一种社会组织,存在履行管理职责的行政机构,并拥有职责相应的权力,这种权力通常被称为大学中的行政权力。[145]李从浩认为,大学行政权力就是大学及其组织中按照制度规则赋予处在一定层级或职位上的组织或成员的权力。[146]谢安邦认为,行政权力具有典型的"科层化"特征,是一种以效率化为行动的追求目标,以严格的等级制度为依托的"制度化"的权力。[147]周光礼认为,行政权力是大学行政机构及行政人员依据国家法律、政府政策、学校规则的授权而拥有的影响和支配内部成员和机构的一种权力形式。[143]对学术权力的理解,也有广义和狭义之分。广义的学术权力的代表是伯顿·克拉克在《学术权力——七国高等教育管理体制比较》一书的第十章中提出来的,他认为在国家高等教育体制中从最基层开始到最高层,有十种学术权力:个人统治权力、集团统治权力、行会权力、专业权力、魅力权威、董事权力、院校官僚权力、政府官僚权力、政治权力和高等教育系统的学术寡头权力。[57]我国学术权力是指大学组织、团体和个人对学术人员、学术机构、学术事务、学术活动和学术资源等的控制力和影响力。根据克拉克的观点,学术权力实际上是与大学各项事务有关的权力,既包括政府对高校管理的权力,也包括高校自身对行政事务、学术事务管理的权力。从这个意义上讲,克拉克的学术权力就是管理高校事务(包括行政事务和学术事务)的权力,权力主体有来自外部的权力主体,也有来自内部的权力主体。不少学者赞同这个观点,例如别敦荣认为学术权力指管理学术事务的权力。权力主体可以是教师民主管理机构或教师,也可以是学校行政管理机构或行政管理人员,还可以是政府及其高等教育管理部门等,权力客体是必定是学术事务。[148]狭义的学术权力主要是指扎根于学科和知识,以学术能力为背景和依托的权力。例如,张德祥认为,学术权力就是教授、副教授、讲师、助教以及其他具有学术职称的学术人员所拥有和控制的权力。学术权力的客体主要是学术事务、学术活动和学术关系。[149]李立国认为,学术权力是专家学者依据其学术水平和学术能力,对学术事务和学术活动施加影响和干预的力量。[150]谢俊认为,学术权力是指在专业学科领域,学术研究者以自身掌握高深知识的学术优势,在学术事务中对于学术活动所具有的影响力。[151]

周光礼认为,学术权力与行政权力实际上是指同一个东西,是英美法系和大陆法系对同一种权力的不同称谓。[152]但是,更多的学者和现有的文献则认为,大学行政权力与学术权力是两种不同的权力。本书认为,这两种观点实际上并不矛盾,概念本来就是需要界定,同一个概念,不同的学者从广义、狭义等角度去分析,自然具有不同的内涵与外延。关键的问题在于,怎么界定能够符合大多数人的理解,不会造成学术交流上的困扰,而且能够以科学严谨的态度进行界定并有利于问题的深入研究。

本书认为,对于我国公立大学而言,大学行政权力是指大学党委和行政系统对学校行政事务进行管理和控制的权力,学术权力是学术组织和教授等专任教师群体对学术事务进行管理和控制的权力。需要说明的是,行政权力、学术权力这样界定并不表明行政系统不能对学术事务进行干预,也不表明学术系统不能对行政事务的决策进行影响。

(二)行政权力与学术权力的特征

作为一个以知识为核心的机构,徐小洲、张剑认为大学行政权力具有与社会机构行政权力共性的强制性、一元性和阶层性等特点,又具有大学这种特殊机构所具有的整体性、复合性和贯彻的弹性等特点。[153]陈权认为行政权力具有金字塔式的科层式、一元性和强大的整合力、制度刚性和强制性等特征。[154]综合以上观点,本书认为大学行政权力具有三个特征:第一,整体性。大学行政权力关注的是大学的整体发展,这与学术权力关注于学科专业具有较大的不同。整体性要求大学要着眼于发展全局,充分考虑大学的办学质量、办学方向和办学理念,通过行政管理运作,促进大学发展。第二,效率性。行政权力是典型的科层化权力,追求行政管理的效率,倾向于采用规章制度和量化手段对行政事务进行管理。第三,复合性。复合性主要是指大学行政权力与学术权力的主体存在较大程度的重叠,例如大多数的学院院长本身既是行政管理人员,掌握一定的行政权力,同时又是专业教师,掌握一定的学术权力。

学术权力源自于学科与知识,因此自身具有一些不同于行政权力的特点。赵俊芳认为学术权力具有学术性、学科性、多维性和非强制性的特征。[155]李立国认为学术权力具有松散性、自主性和民主性的特征。[150]陈权认为学术权力具有结构上的松散性和运行中的民主性、相当程度的流动性、自下而上的运行方式等三个特征。[154]综合以上观点,本书认为学术权力具有以下两个突出的特点:一是松散性。学术权力主要源自学者的学科和专业背景,因此学术权力更倾向于是一种学者特别是学术权威个体的学术影响力。这种影响力一般而言是在本学科专业领域内发挥作用,因此学科专业越是分散化,学术权力就越分散。此外,不像行政组织之间的结构关系紧密、层次分明,学术组织系统之间的结构也是比较松散。例如,学校层面的学位评定委员会、学术委员会和教学指导委员会是依照国家有关法律法规或各自章程,分别发挥学术决策、咨询和评议等功能,这三个学术组织之间没有管理与被管理的层级关系。二是平等性。学术权力不具有科层制管理的等级性,因此权力主体之间的地位是平等的,这也就决定了学术组织往往采用委员会制,并在做出决定时往往采用民主投票的办法。

(三)行政权力在大学内部治理结构中的重要性

大学行政权力对大学的发展是必要的,也是重要的,具有正当性和合法性。特别是,随着大学的发展,大学的公共管理事务需要专门的人员来承担,大学的改革发展也需要领导者来统筹,因此必须需要把行政管理职能从学术职能中分离出来。正如克拉克在《大学功用》中所强调的"当机构变得更大,行政当局就更加正式而分列为不同的职能;当机构变得更加复杂,行政当局整合它的作用就更为关键;当它同外部世界的关系增多时,行政当局就担负起这些关系的职责"。[156]

克拉克的这个阐述,实际上体现了大学行政权力在三个方面的重要意义:第一是行政权力是大学组织分工的必然要求。大学在中世纪之初,由于规模小、事务简单,大学的教师与学生就可自行处理各项事务,无须专门管理人员协助。然而当大学规模扩大到一定程度时,大学内部事务日益复杂,因此师生难以分身来处理这些事务,因此客观上需要专门人员来负责,以便教师与学生能够集中时间精力致力于教学与科研。组织规模越大,事务的复杂程度越高,越需要专业化的分工,以便提高管理水平更好服务于教学科研。第二,大学行政权力是组织整合的必然需要。随着大学学术发展,教职职能也发生了分化,有的专门从事教学,有的专门从事科研,有的既从事科研,也从事教学。同时,大学的学科专业不断分设整合,新的学科产生,旧的学科取消。因此,大学需要对教师群体的利益和大学自身的组织进行整合。教师群体往往注重于自身的利益和所在学科专业的发展,这就需要行政权力从整体性、效率性的全局视野出发,对学校各个群体的利益、组织、资源等要素进行有机整合,促进大学的发展。第三,大学行政权力是回应社会需要的必然要求。大学是典型的资源依赖性组织,大学的办学资源大多来自社会的支持和供给,因此大学不可能独立于社会而存在。特别是,在知识经济时代,大学在国家和区域经济社会发展中的作用日益突出,大学已经不再是孤立的"象牙塔",大学服务社会既是大学的重要功能,也是大学获得资源的重要手段,加强与社会的互动是大学发展的必然要求。

二、大学内部纵向治理结构

　　大学的内部纵向治理结构,指的是大学权力在学校与院系基层学术组织之间的配置关系。在中世纪的巴黎大学和其他效仿巴黎大学模式的大学中,学院意味着教授一门学科的一个团体,是大学最重要的分支机构。大学的很多管理是通过学院来进行,学院提供了积极参与大学的组织和管理的适当渠道。[144] 随着大学的发展,学院逐步成为大学组织实施人才培养、科学研究、社会服务和文化传承创新的具有自治或半自治性质的学术基层组织。

　　学院的概念有多种理解。有的学院是具有法人资格,能够独立办学的高校,有的学院是依托高校设立的独立学院。本书指的学院是特指在高校中按照不同学科专业设置的基层学术组织。作为大学的二级组织,学院具有以下四个方面的特点[157]:一是以学科和专业为基础的学术组织。学院的设置,首先是按照学科专业来设置。学院的办学功能的承担和作用发挥,也是以学科专业为基础。二是大学主要职能的直接承担组织。大学的主要职能是人才培养、科学研究、社会服务和文化传承与创新,这些功能的承担都是依托学院来进行。三是以教师和学生为核心要素的实体组织。学院由教师和学生组成,是教师和学生的集体组织。没有教师,人才培养等各项功能就无法进行,同样没有学生,人才培养也就因为没有被教育的对象而无法存在。四是以学术属性为主、行政属性为辅的基层组织。学院既承担一定的行政管理职能,也承担着学术职能。学院的存在,首先是为学术而存在,行政管理职能是服务和附属于学术职能。因此,学院是以学术属性为主、行政属性为辅的基层组织。

　　大学校院两级的权力关系,体现的是大学管理的重心是在学校层面,还是在院系层面,这也是大学治理结构的重要内容。院系权力可以用来衡量校院两级的权力关系。院系权力指的是大学所属的二级学院或系(以下简称院系)对院系自身事务进行自主管理的权力。因此,如果院系权力大,就表明管理的重心在院系这个层级,反之,则说明管理的重心在学校层面。祝建兵从以实行学院管理为主的校院两级管理的角度,提出二级管理的关键是要下放教学科研管理权、人权和财权。[158] 宣勇认为学院承担三大责任的同时应享受自主理财权、自主用人权和自主配置资源权等三大相对独立的权力。[159] 杨如安认为学院自主权包括:自主用人权、自主理财权、资源配置权、事务的管理权、对外合作交流权等。[160]

三、大学外部治理结构

大学与政府的关系,是大学治理结构的重要内容。在大学形成之初,大学并没有引起教会和世俗当局的过多关注,形成了学生主导的大学与教师主导的大学。不久,情况就发生了变化,教会当局和世俗当局都意图强化对大学的控制。在意大利的一些大城市里,"政府直接地或者通过其代理人向学馆发布严格而具体的规章,严密地监督着大学的运行"。[144]此后。由于高等教育在国家和区域经济社会发展中的作用和地位越来越重要,因此各国政府从总体上将不断地加强对高等教育的控制和管理。大学在不同国家以及不同发展阶段,都受到国家或者教会的控制,西方国家所谓的大学自治,实际上在大多数历史时期自治程度并非想象中的那么高。正如 1962 年考利发表《关于教授、校长和董事们的某种神话》中的观点。他认为大学自治不过是一些学者的幻想而已,从历史上看,不论是波黎尼亚大学,还是巴黎大学,基本上都是由政府或教会控制的。[161]

政府与大学的关系,具有以下三个特点[162]:一是不对等性。政府与大学,是管理与被管理的关系,具有鲜明的不平等性。政府掌握着国家的公共权力,以国家强制力为后盾,对大学进行管理和控制。二是动态性。从漫长的历史长河看,大学与政府的关系总是处于动态演化的过程,政府追求对大学的控制与大学追求自治处于动态变化的过程之中。三是趋向平衡性。政府与大学的博弈虽然是动态的过程,但是从总的趋势看,双方的矛盾要趋向于平衡。

大学自治是衡量大学与政府关系的一个重要指标。大学自治在中西不同的文化差异中,具有不同的提法。我国一般用办学自主权,而欧美国家一般用大学自治。Clark 认为大学自治是大学作为一个整体的自主管理,包括对机构管理、经费控制、教师遴选、招生、课程以及评价等方面。[163]Frazer 从法律地位、学术权威、使命、治理、财政、人事、学术分权等七个方面提出了大学自治的标准。[164]Berdahl 认为,大学自治具有实质性自治和形式性自治之分。实质性自治主要指大学能够以法人的地位决定自身的办学目标和教育计划的权力;程序性自治是指大学以法人的地位决定追求自身的办学目标和教育计划的权力。[165]在 Berdahl 看来,政府对实质性自治的干预比对程序性自治的干预对大学带来更加致命的影响。因此,大学自治的核心是自主遴选教师与学生、自主决定课程体系与学位标准、自主分配经费使用。我国 1998 年颁布的《高等教育法》明确规定了高校在招生、学科专业设置、教学、科研与社会服务、学术交流、机构设置与人员配备、财务与资产管理等七个方面的办学自主权，这些自主权实际上也是评价大学自治的标准。例如，第三十二条规定高等学校"自主调节系科招生比例"。第三十三条规定高等学校"依法自主设置和调整学科、专业"。第三十四条规定高等学校"自主制定教学计划、选编教材、组织实施教学活动"。第三十五条规定高等学校"自主开展科学研究、技术开发和社会服务"。第三十六条规定高等学校"自主开展与境外高等学校之间的科学技术文化交流与合作"。第三十七条规定高等学校"自主确定教学、科学研究、行政职能部门等内部组织机构的设置和人员配备"。第三十八条规定高等学校"自主管理和使用"。应该注意的是，《高等教育法》赋予高校的七项办学自主权不是无条件的完全自主，大学办学自主权的行使，必须在国家法律和规定的框架内，必须服务国家利益和经济社会发展的需要。

第二节　大学治理的演化特征

　　大学治理是协调大学与政府、社会以及大学内部各种利益主体关系，促进各种主体利益激励相容，实现大学办学目标的制度安排与运行机制。大学治理就是通过制度设计与安排来管理大学的公共事务，包括法律法规、大学章程等正式规则和惯例等非正式规则。可见大学治理实质上就是制度系统，大学治理所处的政治、经济、文化等，就是这个制度系统所处的环境。

　　制度是一种动态的演化系统。制度经济学理论认为，制度是思想和习惯长期积累的产物，制度不仅是历史演化的结果，而且也是人类社会与环境交互作用的结果。在这个过程中，制度塑造着人的行为，同时人类需要不断适应环境的变化，因此需要制度不断改变。诺斯认为，制度是一个社会的博弈规则，制度将过去、现在与未来连接在一起，从而历史在很大程度上就是一个渐进的制度演化过程。[6] 从系统论的角度看，制度是一个开放的、耗散的、有人参与的系统。所谓制度的演化，是指整个制度系统从制度均衡到不均衡，再到均衡的不断演变的动态、历史过程。[166] 总之，制度可以看成一个系统，制度系统处于不断的演化过程中，改变制度系统不仅有权力主体的力量对比关系，也有环境的影响。

　　大学治理作为一种制度系统，同样具有演化的属性。制度在演化的过程中，表现出历史的重要性、制度演化的多样化与"文化的嵌入性"、制度演

化结果的非帕拉托最优性等特征。[166] 同样,大学治理的演化也具有这些特征:

一、历史的重要性

正如诺斯在《制度、制度变迁与经济绩效》一书的前言中所述:"现在和未来的选择是由过去所型塑的,并且只有在制度演化的历史话语中,才能理解过去"。[6] 大学治理是各种影响因素长期累积的结果。我们看到的大学治理的现状,以及为优化大学治理而需要采取的措施,都与过去密切相关。因此不了解大学治理的过去,就很难把握现在,也难以拿出具有前瞻性、针对性和可操作性的改革措施,来提升大学治理的效率。

二、演化的多样性

从高等教育的发展史看,自从一千多年前出现大学这种社会组织之后,大学治理就开始产生。在长达千年的历史发展过程中,大学治理也不断发展演变,形成今天这种丰富多彩、各式各样的大学治理体系。从宏观的视野看,中国大学治理的演化、美国大学治理的演化、法国大学治理的演化等等各不相同,既有演化过程的不同,也有演化结果的差异。就美国的大学治理而言,各个大学的大学治理演化也千变万化,各不相同。正是这种演化的多样性,成就了大学治理体系的多样性。从微观的角度看,大学治理是一个复杂性系统,在演化过程中,一些偶然事件往往容易引起大学治理的变革,从而导致大学治理演化的多样性。

三、结果的非最优性

这主要是指大学治理在演化过程中,并非自然而然地朝着使治理效率最优的方向演化,实际上大学治理往往是低效率,甚至是无效的。虽然大学治理演化具有多样性,然而演化的结果并非是最优的。在大学治理的演化过程中,存在一定的路径依赖,极容易使大学治理进入低效率的路径锁定。同时,由于大学内外部各种权力主体的力量对比关系的变化,也有可能占据支配地位的一方利益主体为了自身利益,而做出损害大学整体利益的行为,从而导致大学治理演化的非最优性。

因此,对于大学治理,我们不能仅用静态的角度来看,而必须用动态的、演化的观点来认识。

第三节　大学治理的价值逻辑

大学治理必然要受到一定价值取向的支配和制约。这种价值取向实际上也是大学治理现代化的动力源泉和评判基准。由于时空条件的不同,随着高等教育的发展,大学治理折射的价值取向也随之发生变化。

一、大学治理价值取向的演化

追溯大学千年的历程,大学治理价值取向的演化过程,大体可以分为四个阶段:

一是中世纪大学治理的价值取向——神权至上。作为中世纪大学典型代表的巴黎大学,被誉为欧洲大学之母。尽管不时夹在教会和世俗政权之间,但巴黎大学总体上大多处于宗教的控制和影响之下。在中世纪大学,教皇会撇开大学自己来制定有关教学大纲、课程、教师和执礼杖者的薪水、互助金、大学官员、学生纪律、服装和住宿方面的规定。[144]总之,中世纪大学具有浓厚的宗教色彩,这个时期的大学治理总体上是以服务宗教为价值取向。

二是近代大学治理的价值取向——学术自由。19世纪初建立的柏林大学,使德国成为现代大学的发源地。尊重自由的学术研究,成为柏林大学的精神主旨,洪堡“为科学而生活”成为新大学的理想。[167]洪堡确立了学术自由的原则,反对国家对大学的干预;确立了教学与科研相结合的理念,鼓励和支持教师进行学术探索,拓展了大学的办学功能。德国的大学理念迅速传播到世界各地,尽管世界各国大学治理模式千差万别,但大学自治与学术自由无疑成为近代大学的鲜明旗帜。

三是现代大学治理的价值取向——社会责任。20世纪初期,美国威斯康星大学提出了“威斯康星思想”,直接把为社会服务作为大学的第三项功能,推动了高等教育的革新。美国的州政府开始向公立高等教育机构谋求更多的权力,这种趋势经历了20世纪绝大多数时间,直至最后20年。[168]随着新公共管理主义的兴起,欧洲政府日益重视寻求对高等教育系统的治理和引导,以更好地实现国家政策目标。[169]总之,世界各国对高等教育愈加重视,通过变革大学内外部治理,提升大学办学质量和绩效,以增强国家综合竞争力。

四是当代大学治理的价值取向新趋势——激励相容。20世纪末以来,经济全球化、政治民主化、文化多元化对高等教育产生了深刻的影响,带来了强烈的冲击。面对新的形势,世界各国根据本国的实际对高等教育治理进行了新一轮的变革,既注重绩效与问责,也重视分权与参与,促进不同利益主体的激励相容成为高等教育新时代的最强音。

二、我国大学治理现代化的价值逻辑

回顾大学发展史,神权至上、学术自由、社会责任和激励相容这四种价值取向都是特定历史阶段的产物,同时也对大学发展取到了重要的推动作用。这对我们在探讨大学治理现代化的价值取向——大学治理为何现代化,具有重要的启示。

第一,大学治理价值取向的核心是维护和发展国家和公共利益。从中世纪到当代,不论大学治理价值取向的侧重点是什么,国家和公共利益始终是贯穿其中的主线,始终是大学治理价值取向的核心。例如,洪堡倡导并付诸实践的学术自由,其核心仍然是国家和公共利益的需要。洪堡的贡献在于从国家利益的观点指明了学术自由对大学的生存是重要而必不可少的。[167]

第二,当代大学治理价值取向的趋势是激励相容。激励相容是诺贝尔经济学奖获得者美国教授威廉·维克里和英国教授詹姆斯·米尔利斯提出的概念,主要是指在信息不对称的条件下,通过代理人的效用最大化行为来实现委托人的利益最大化。激励相容是评估一个经济制度安排好坏的重要标准,使得每个人在追求其个人利益的同时也达到其制度安排设计者所想要达到的目标。[170]从全球高等教育发展趋势看,当今世界各国的大学治理改革的主旋律是利益相关者的共同治理。大学治理的价值取向早已不是单一主体的利益诉求,而是包括政府、社会、大学以及大学内部的师生等各种大学利益相关者利益的激励相容。这些利益相关者通过共同治理,使大学在社会责任担当与学术自由之间保持适度的均衡,同时兼顾绩效与民主诉求,从而最大限度地满足国家和公共利益的需要。

第三,实现大学治理价值取向的治理改革具有差异性。上世纪末以来,世界各国大学治理的价值取向是激励相容,但由于各国的国情差异,治理改革也各不相同。例如,日本在国立大学法人化改革中,减少了对大学的控制,强化了大学校长的权力;英国则引进市场机制,通过绩效评估和公共问责等间接手段,加强了对大学的控制和干预。这就提醒我们,推进大学治理现代化必须立足我国国情,一切从实际出发,不能盲目移植其他国家的制度与做法。

总之,在全球化的今天,推进大学治理现代化,我们必须紧跟世界发展潮流和时代步伐,坚持激励相容的原则,通过大学治理现代化调动大学内外部利益相关者的积极性和创造性。国家和公共利益始终是大学治理价值取向的核心,但只有平衡好各方利益,发挥好各方的智慧,才能调动各方的积极性,从根本上维护和发展国家和公共利益。因此,大学治理现代化的价值逻辑就是以国家和公共利益为核心,促进各方利益的激励相容。

第四节　大学治理的国际比较

研究中国大学治理问题,归根到底还是要服务于我国现代大学制度建设,服务高等教育发展。因此,有必要跳出中国看中国,从更加广阔的全球视角来看待和研究大学治理。由于政治文化与历史传统的差异,世界各国的大学治理结构也会存在不同程度的差异性。

伯顿·克拉克从学术权力在国家、地方、学校、学院、教授个体等层次的分布的视角,提出了四种大学治理的权力结构模式:教授与国家官僚机构相结合的欧洲模式、教授行会与校院董事会以及行政人员适度影响相结合的英国模式、教授行会与校院董事会以及行政人员较大影响相结合的美国模式、独特混合物的日本模式。[57]甘永涛认为,当代大学治理结构主要有三种模式:以内部人监督为主的关系型的美国大学治理结构模式、以国家监督为主的行政型的法国大学治理模式、以中介机构监督为主的复合型的英国大学治理结构模式。[171]法国和英国是中世纪大学的主要发源地,德国是科学研究和学术自由的主要发源地,美国是社会服务的主要发源地,因此本书重点分析法国、德国、英国、美国四个欧美国家的大学治理模式。

一、法国大学治理模式

法国的巴黎大学是中世纪大学的主要原型大学之一,对世界高等教育发展产生了深远的影响。18 世纪末,法国爆发了大革命,资产阶级政权停办了当时的 22 所大学,建立专门学院和大学校。在拿破仑时代,大学实行国家集权制,公立大学的教学人员的录用、教授职位的设置都由政府决定,完全处在政府的严格控制之下。19 世纪末期,大学重新组建,并恢复了法人资格。大学的权力机构是由学部主任和学部代表所组成的大学理事会。校长通常由政府任命,并担任大学理事会的主任。学院(学部)设有由教授组成的学部理事会和由教授和高级讲师组成的学部评议会。学部理事会对经费和课程以及教师任命提出意见,报政府批准。因此,大学这个层级近乎空架子。2013 年 7 月,法国正式颁布了《高等教育与研究法》,该法的核心思想是赋予大学自主权,使大学更有效率,更具有学院式治理的民主。[172]

(一)法国大学外部治理结构

法国是中央高度集权的高等教育管理体制,总体上大学自治程度比较低。但从拿破仑时代后,在中央集权的背景下,法国大学治理演化呈现出不断注重大学自治、强化学校权力的趋势。1968 年,法国颁布了《高等教育方向法》,确定了大学自治的基本原则,对大学治理进行改革。1984 年,法国颁布的《高等教育法》规定,公立大学是自治机构,具有法人资格,享有教学、科研、管理、财务等方面的自治权。2013 年颁布的《高等教育与研究法》赋予了大学更大自主权。

高等教育与研究部是法国高等教育的中央行政主管部门,负责高等教育行政管理工作。学区是独立于地方政府的中央直属教育行政机构,负责本学区范围内的高等教育事务。高等教育与研究部与学区作为政府机构,包揽了大学的大部分事务。1984 年的《高等教育法》颁布以来,政府逐渐推行合同制治理方式,变过程管理为合同管理,从而试图改变政府对大学的直接管理方式,真正落实大学的法人地位。大学的全部预算由学校各组成部门协商制定,可以完全掌控包含所有教职员工工资的全部预算。[173]

(二)法国大学内部治理结构

根据 1968 年颁布的《高等教育方向法》,大学设立理事会,成员包括各类教师、行政人员和学生以及校外人士,负责选举校长、制定大学规划、经费和人员的调配。1984 年的《高等教育法》规定,由全校各类教职工代表和学生代表所组成的校务委员会是大学决策机构,科学审议会、教学与大学生生活委员会作为咨询和执行机构。2007 年,法国颁布了《大学自由与责任法》,大学校务委员会的成员更少,而权力更大。校长由校务委员会选举产生,权力也得到加强。2013 年的《高等教育与研究法》,对校长权力进行限制,重新加强了院系权力。

法国大学内部治理结构的主要力量有:一是大学行政委员会。大学行政委员会由大学教师、行政人员、校外人士和大学生组成,是大学决策机构,负责选举产生校长,并对大学的发展战略、财务预算、设立培训与研究单位等重大事项进行决策。校外人士的参加,确保了大学与社会的紧密联系。二是校长。校长是大学的法人代表,主持大学行政委员会,校长的任期四年,连续任职不得超过两届。校长可以决定教师及研究员的任职、调动、安置、委派、晋级,可以调整每个人的教学、科研和行政的最低工作量,可以对工作优异者颁发奖金增加其收入。[173] 三是学术委员会。学术委员会由培训与大学生活委员会、科研委员会组成,是大学教学与科研的决策与咨询机构,负责就学校的课程设置、科研政策、生活条件等事务进行决策与咨询。四是培训与研究单位。培训与研究单位是法国大学的二级学院,能够决定本单位的教学、学位授予、教师聘任、科研管理等事务,具有很大的自主管理权。从总体上看,法国大学的内部治理,通过大学行政委员会吸收校外人士、教师和学生参与决策,学院层面具有较大的自主管理权。

二、德国大学治理模式

德国的高等教育,尽管与法国、英国相比起步较晚,但是近代的德国大学对世界高等教育的发展产生重大的影响。布拉格大学是效仿巴黎大学而建立的,被认为是中世纪德国的第一所大学。从中世纪开始,德国大学主要由德意志各邦国举办和管理,具有很强的国家主义传统色彩。1794 年颁布的《普鲁士邦法》明确规定,大学是国家机构,大学教师是国家公务员。该法还明确大学也是享有法人地位的学术社团。19 世纪初,洪堡创建柏林大学,提出了科学研究和学术自由等教育理念,拓展了大学的办学功能,奠定了现代大学的根基。在当时,教师是政府公务员,校长由教授选举产生,评议会是大学最高权力机构。之后,德国大学的这种治理模式基本被保留下来,形成传统。

1976 年,联邦德国颁布《高等教育总法》,确立了德国大学治理的总体模式。1998 年,德国对《高等教育总法》进行第四次修正,取消了联邦政府的高等教育立法权,赋予各州和大学更多的权力,以增强大学的办学灵活性和国际竞争力。2008 年,在德国推行联邦制改革的大背景下,《高等教育总法》正式失效,各个州具有更大的自主权。

(一)德国大学外部治理结构

传统的德国大学外部治理模式是大学自治权在行政和学术事务的两极分化：在行政事务上，政府直接管理大学的人事权、财务权和规划权；在学术事务上，大学具有较大的自主权，由教授负责有关学术事务。20世纪以来，经过多次的高等教育管理体制改革，德国大学外部治理结构出现新的变化，总体趋势是政府权力下放，赋予大学更多的办学自主权。

联邦教育与研究部与各州教育主管部门，以及那些独立性教育机构不存在领导与被领导的关系，而是平等的合作伙伴。联邦政府主要负责对高等教育的宏观管理和控制，主要职能包括学生资助、建设和扩建大学、教育政策和立法工作等职能。[174]2008年《高等教育总法》正式失效后，联邦政府主要负责协调高校录取和毕业、教育援助（如奖学金）和科研资助等事务。[175]州政府具体负责本州高等教育的管理，在本州范围内享有高等教育的立法权和管理权。州政府在学校推荐的基础上，直接任免教授。《高等教育总法》第四次修订后，政府引进绩效导向的财政拨款制度，建立高等教育评估制度，转变对高校的财务管理方式，授权大学自主使用财政拨款经费。

(二)德国大学内部治理结构

传统的德国大学内部治理结构是教授群体和学术组织掌握着大学的办学资源，决定大学的教学、科研等学术事务，具有典型的"教授大学"的特征。《高等教育总法》正式失效后，联邦政府把高等教育立法权和行政管理权交还给各个州政府，促进各个州大学治理的多样化。

当代德国大学的内部治理结构尽管呈现出多样化的特征，不同的州政府推动的改革各不相同，但大学内部治理结构的力量主要有：一是学术评议会。从德国大学的传统和主流看，学术评议会是大学学术机构，也是大学的最高权力机构。例如，在柏林州，学术评议会由教授、在校学生、学术助理、教辅人员组成，主要职责有：审议决定校长和副校长的人选；审议批准学校发展规划和财政预算；审议决定教学、学位授予等各项章程制度；审议决定教师岗位设置和人员聘用；审议决定学科专业、组织机构的设置与撤销；审议决定学校办学资源的配备；处理涉及学校整体的其他原则性事务等。[176]二是校长。传统德国的大学校长的主要职责是执行评议会的决定，校长的权力被政府与教授架空。20世纪末期以来，根据不同的州的法律规定，校长的地位也各不相同。例如，在黑森州，学校内部管理体制是校长负责制，校长全面负责大学的各项事务,具有较大的权力。三是大学理事会。德国的大学理事会由校外人士和校内学术专家组成,主要职责是对学校发展规划、学科建设和行政管理等事项提出咨询建议。但也有些大学的理事会是学校最高决策机构。四是科系。科系是德国大学的基层学科组织。20 世纪末期,德国大学原来的学部按学科发展和需要划分为规模较小的科系,形成扁平化结构模式,有利于交叉学科和边缘学科的发展,也有利于进行跨学科的研究和学习。[177]

三、英国大学治理模式

16 世纪欧洲宗教改革运动后,教会对英国大学的控制逐渐减弱,而王室对大学的控制不断增强。以行业自治为基础的大学法人制度在英国得到了传承和发展。1570 年,英国王室颁布了法令,正式确认了牛津大学的法人地位。王室以立法形式,对大学事务进行干预。根据 1854 年的法案,作为学校最高领导者的校监,尽管仍然由大会选举产生,但是王室控制了提名权。学院是大学的权力中心,学院的最终权力归属于王室巡视员。学院的院长一般也由王室提名进行选举或者直接任命。教授职位的设置也需要王室的批准。1919年,英国政府建立大学拨款委员会,发挥财政杠杆作用,对大学进行间接的调控。1988 年,英国制定《教育改革法》,设置大学基金委员会取代了大学拨款委员会,加强对大学宏观调控。

(一)英国大学外部治理结构

英国的大学基本上是一些自治机构,既不受中央政府管辖,也不在地方政府的控制之下,国家或政府的行政机关对大学没有其他手段进行干预。[178]到了 19 世纪,英国政府开始改变以往对大学放任自流的态度,对大学的干预总体上呈现出逐渐加强的趋势。通过设立半官方性质的中介组织,对大学进行宏观调控,是英国大学外部治理的主要特点。

大学拨款委员会成立后,英国政府开始正式为大学提供财政经费支持,但是对大学的干预仍然是很有限的。1989 年设置的大学基金委员会,意味着政府干预的加强。主要体现在三个方面:一是与大学拨款委员会不同,大学基金委员会没有就大学的需要向政府建言的责任;二是教育部第一次享有了对大学如何支配政府拨款指手画脚的合法权力;三是大学基金委员会不再是大学的代理人,至少有一半的大学基金委员会成员出身工商业。[179]1992 年,英国设立高等教育基金会,负责对大学的教育和科研提供经费资助。此外,英国政府还通过设立高等教育评估机构,对大学进行间接的控制。

(二)英国大学内部治理结构

20世纪以来,英国新建了一批大学,主要的治理机构有董事会、校务委员会和评议会,董事会成员中校外人士比校内人士多。同时,以牛津大学为代表的传统大学引入了问责体制,通过改革提升大学治理效率,尽管学院仍然是相对独立的实体。随着传统大学改革和新大学地位的确立,英国大学最终形成了传统大学与现代大学多种并存的治理结构。在牛津和剑桥等传统的大学,"教授治校"仍然盛行,由校内人士组成的评议会负责处理学校的重大事务,各学院也是一个具有较大自主权的实体。而现代大学的自治机构由理事会、校务会和评议会构成,校外人士在理事会和校务会中占一定比例,评议会由校内人士构成,负责学术事务。[180]

四、美国大学治理模式

美国的大学始于英属殖民地学院。哈佛学院成立之初,马萨诸塞大议会就任命了由殖民地州长、副州长和财政总管等6名行政官员和6名牧师组成的董事会,作为最高权力机构,对学院事务具有最终裁决权。学院还成立院务委员会,由院长、财务主管和5名评议员组成。耶鲁学院创立之初则采用单一的董事会制度,董事会并被后来的殖民地学院普遍效仿。这个时期,管理殖民地学院的是校外的外行人士,教师只是雇员,没有多少影响力。美国建国后,新成立的州立大学沿用这种治理模式,大学董事会制度得到巩固和发展,并成为美国大学一直沿用的管理模式。二战以后,联邦政府通过立法加强了对高等教育的干预,各个州政府成立了高等教育协调机构或州一级的大学治理委员会,以提高大学治理效率。

(一)美国大学外部治理结构

美国政府对大学的干预极其有限。依照美国宪法,高等教育管理权归属各州,不属于联邦政府。因此,联邦政府对大学的干预,主要是以大学自愿为原则通过财政资助的手段来实现。州政府主要干预公立大学的事务,对私立大学一般不予干预。州政府对公立大学的管理权力主要有:提出教育预算、批准或任免公立大学的董事人选。20世纪末以来,由于政府拨款满足不了旺盛的入学需求,高等教育管理的权力重心于是迅速下移。很多州开始放松对大学的管制,把规范管理权和预算控制权从州专门机构向大学转移。[181]此外,半官方的中介组织,对大学外部治理产生主要的影响。

(二)美国大学内部治理结构

在美国工业化时期,大学治理结构不断朝着科层体制转变,院长由校长任命,负责学院事务,并逐步形成专业化的行政人员。大学成立学术委员会,负责学位标准、教师聘任以及课程设置等事务。二战以后,一些公立院校的董事会增加了教师代表,学生参与大学治理的机会有所增加,并逐步形成了共同治理的格局。大学内部治理结构主要有:一是董事会。董事会是美国大学的最高权力机构,对学校行政和学术事务具有最终决策权。公立高校的董事会一般由州政府代表、工商业人士、校长、校友代表和师生代表组成。董事会的主要职责有:遴选校长、制定发展规划、决定财务预算以及事关学校发展的其他重大事项。二是校长。校长在董事会的授权下,具体负责处理学校日常事务。校长由董事会任免,并向董事会负责并报告工作。三是学术评议会。学术评议会是由教授组成的学术机构,负责决定教学计划、课程设置、学位授予标准和教师遴选和任免等学术事项。四是学院。学院和学院所属的系,是美国大学的基层学术组织。学院院长由校长任命,在学院行政事务上具有较大的自主权。

第五节　我国大学治理的现实困境

一、我国大学治理的演变

清朝末年,清政府在内外交困之时先后创办了一批洋务学堂和新式学堂,成为了中国现代意义上高等教育的肇始。19世纪末,西方教会开始在中国创办大学。这些教会大学在设立之初就注意借鉴和移植西方大学中先进的管理模式,在此基础上建立了独具特色的管理体制。[1]辛亥革命后,我国高等教育得到了较大发展,大学治理体系初步建立。1912年,民国临时政府教育部颁布的《大学令》规定,大学设校长1人,总辖大学全部事务;大学设立大学评议会,大学校长为议长,评议会负责审议学校有关学术事项。大学各科设立教授会,以教授为会员,主要审议学科课程、学生试验事项、大学院生成绩等。国民政府时期,我国大学治理体系继续完善。抗日战争时期,西南联合大学成为中国近代高等教育史上的一颗璀璨明珠。尽管国民党政府强化对高等教育的控制,但是由于西南联大实行教授治学的治理模式,成就了短暂的学术辉煌。

新中国成立后,中国人民大学沿袭了陕北公学的领导体制,实行党组领导下的校长负责制。1958年,党中央、国务院颁布了《关于教育工作的指示》,在高校中推行学校党委领导下的校务委员会负责制。"文革"期间,高等教育制度受到严重的破坏。1977年,国家恢复了高考制度,高等教育率先拉开了拨乱反正的序幕。改革开放后,西方高等教育模式和大学制度体系再次成为中国高等教育改革发展所关注的对象。1985年,《中共中央关于教育体制改革的决定》正式颁布。该决定提出,成立国家教育委员会负责掌握教育的大政方针,统筹整个教育事业的发展,协调各部门有关教育的工作,统一部署和指导教育体制的改革。该决定要求,高校实行校长负责制。1998年,国家颁布《中华人民共和国高等教育法》,大学内外部治理以法律形式加以明确,学校内部实行党委领导下的校长负责制,中国公办大学治理结构模式基本确定下来延续至今。

二、我国大学治理的现状

我国是中央集权的单一制国家,长期以来政府对大学实行高度集权管理。大学在政治上、经济上、管理上都有着强烈的外部依赖性,其办学自主权是非常有限的。[182]在内部治理结构方面,外部行政集权管理延伸到大学内部,形成了高度行政化的大学内部管理结构。

(一)我国大学外部治理结构

政府全面掌握着大学领导班子的任免、大学设置与合并、学科专业设置、招生和资源配置,大学是政府的事业单位。2010年,中共中央、国务院正式颁布《国家中长期教育改革和发展规划纲要(2010—2020)》,对中国大学治理进行改革和完善。政府与大学关系的改革措施主要集中在三个方面:一是推进中央向地方放权。改变中央过度集权的做法,加强省级政府的统筹权,调动省级政府的积极性、创造性。二是推进社会参与办学。通过设立高校董事会,吸收社会力量参与高校办学。建设高等教育办学评估制度,支持社会机构对高校的办学质量和水平进行专业评估。三是推动高校办学自主权的落实。通过转变政府职能,支持高校按照国家法律法规和宏观政策,行使高等教育法赋予的自主办学权。

(二)我国大学内部治理结构

《国家中长期教育改革和发展规划纲要(2010—2020)》颁布后,大学内部治理结构得到完善和优化。主要措施是:坚持并完善党委领导下的校长负责制,充分发挥教授治学的作用,依法保障教职工和学生参与学校民主管理和民主监督,加强大学章程建设,促进高校依法治校、自我管理。大学内部存在四种权力:

一是党委的政治权力。根据高等教育法的规定,中国共产党高等学校基层委员会按照中国共产党章程和有关规定,统一领导学校工作,支持校长独立负责地行使职权,其领导职责主要是:执行中国共产党的路线、方针、政策,坚持社会主义办学方向,领导学校的思想政治工作和德育工作,讨论决定学校内部组织机构的设置和内部组织机构负责人的人选,讨论决定学校的改革、发展和基本管理制度等重大事项,保证以培养人才为中心的各项任务的完成。党委全委会、党委常委会是学校最高权力机构,对学校重大事项做出决策。

二是校长的行政权力。校长是学校的法定代表人,依法全面负责学校教学、科学研究和其他行政管理工作。根据高等教育法的规定,校长职权主要有:拟订发展规划,制定具体规章制度和年度工作计划并组织实施;组织教学活动、科学研究和思想品德教育;拟订内部组织机构的设置方案,推荐副校长入选,任免内部组织机构的负责人;聘任与解聘教师以及内部其他工作人员,对学生进行学籍管理并实施奖励或者处分;拟订和执行年度经费预算方案,保护和管理校产,维护学校的合法权益;章程规定的其他职权。

三是学位评定委员会、学术委员会、教学指导委员会的学术权力。这三个委员会是高校的学术机构。学位评定委员会按照国家法律授权,制定学位授予标准,决定授予学位的有关事项。学术委员会是大学的学术评议机构,按照高等教育法规定,负责审议学科、专业的设置,教学、科学研究计划方案,评定教学、科学研究成果等有关学术事项。根据教育部2014年颁布的《高等学校学术委员会规程》,学术委员会是大学的最高学术机构,统筹行使学术事务的决策、审议、评定和咨询等职权。学校在对学科专业与师资队伍规划、学科专业设置、学术机构设置、教学科研成果评价标准等学术事项教学决策时,应当提交学术委员会审议,或者交由学术委员会审议并直接做出决定。教学指导委员会是学校教学工作方面的咨询和审议机构,负责开展教学改革研究,对学校的教学工作和提高教学质量提出指导意见和建议。

四是民主管理机构的民主管理权力。根据 2011 年教育部颁布的《学校教职工代表大会规定》,学校教职工代表大会是教职工依法参与学校民主管理和监督的基本形式。教职工代表大学的主要职权有:审议章程制定工作、学校发展规划和校长工作报告、教职工队伍建设、教育教学改革、财务工作、与教职工利益直接相关的分配方案以及学校其他重大改革方案等报告,并提出建议和意见;对学校领导班子和干部进行评议;通过多种方式对学校工作提出意见和建议等。学生代表大会是学生参与学校民主管理和监督的基本形式,也是参与学校的民主管理、维护学生的正当权益的重要途径。

三、我国大学治理的困境

"为什么我们的学校总是培养不出杰出人才?","中国距离诺贝尔奖究竟有多远?"钱学森之问与诺贝尔奖情结,是中国教育界乃至全社会有待破解的重大命题,也让社会各界对大学治理现代化寄予厚望。大学治理主要涉及大学与政府之间、大学与社会之间以及大学内部之间的关系问题。近年来,在各界的共同努力下,我国大学治理现代化已经迈出了有力的步伐,但是仍然存在不少问题。马克思主义认为,经济基础决定上层建筑,上层建筑反作用于经济基础。从高等教育的层面上看,我国大学治理现代化面临着高等教育多样化与教育行政集权化的矛盾、学科发展动态性与大学治理封闭化的矛盾、学术活动特殊性与科层管理僵硬化等,造成了大学治理的激励不相容,影响了大学学术生态,成为大学治理现代化的主要现实困境。

(一)高等教育多样性与教育行政集权化的矛盾

高等教育多样性与教育行政集权化的矛盾实质是政府与大学的激励不相容。多样性被认为是美国高等教育能够成功的最主要影响因素。[183]高等教育多样性,既包括办学主体、办学类型、办学层次、办学模式的多样化,也包括学科专业设置、人才培养目标、质量评估和管理方式的多样化。丰富多彩的多样化的高等教育生态,有利于更好地满足多样化的社会需求,为高等教育发展增添活力。因此,建设高等教育强国的关键是实现高等教育的多样性。[184]

然而,由于现行的高等院校考评模式和评价标准存在问题,对高校最重要的衡量参数是学校规模、层次和学位点数量,以及受到国家对高等教育资源配置等的影响,高等教育出现了同质化问题。[185]同质化现象是大学组织在面对制度环境时而表现出来的一致性[186]。这也就是说,正是国家对高等教育实行的集权化管理,抑制了高等教育的多样性,并形成了高等教育同质化。教育行政集权化的影响主要体现在两个方面:一方面是政府对高等教育的干预过度,高校办学自主权没有真正落实,难以形成百舸争流的局面。美国高等教育发展的成功经验表明:自治带来了选择的自由,每一所院校都有权选择自己的使命、目标、办学重点、专业、课程等,因而形成了各具特色的院校,从整体上推动了高等教育多样化的形成。[187]从我国情况看,高等教育法虽然明确赋予高校办学自主权,但没有真正得到有效落实,大多数权限仍然控制在各级政府手里。此外政府习惯于采取计划经济时代的直接管理方式,利用行政命令式的手段对高校各类事务进行管理,压抑了高校的积极性和创造性。对此,有学者认为,如果政府不肯放弃对高校的控制权,多元化、特色化、多样化就难以形成或者根本就形不成。[188]另一方面,国家层面对高等教育管理权过于集中,省级政府的权限过小,主体责任意识不强,主动性和创造性难以调动和发挥。"两级管理,以省级政府为主"的体制还没有落实到位,不利于地方政府根据本区域对高等教育的实际需求,因地制宜地推动高等教育改革发展。总之,高等教育多样性和国家教育行政集权化的矛盾,已经成为影响大学治理现代化的主要难题。

(二)学科发展动态性与大学治理封闭化的矛盾

学科发展动态性与大学治理封闭化的矛盾实质是社会与大学的激励不相容。适应社会发展需要,为社会发展服务,这是教育的外部规律。在知识经济时代,大学肩负着人才培养、科学研究、服务社会和文化传承创新的重要功能,是国家和区域创新体系的重要组成部分,直接影响到国家的综合竞争力。大学与工业的互动关系,已经成为全球化的发展趋势[189]。学科是大学进行教学、科研、社会服务和文化传承创新的基本单元。新兴学科的崛起与传统学科的衰落在很大程度上是由社会需求所致,学科只有面对和回应社会的需要,才能具有生命力。[190]社会需求的动态变化,要求大学的学科发展也必须是具有动态性。这就需要高校能够密切联系企业和社会,需要高校对环境变化具有敏锐的反应能力。

从我国高等教育发展情况看,当前我国高校学科建设与社会需求还存在较大的不平衡。例如,比较普遍存在着培养与需求、教学与科研、理论与实践、校内资源与社会资源结合得不够紧密的问题。[191]产生这些问题的很重要原因之一,就是社会参与大学治理的机制尚未建立起来,大学治理比较封闭。一方面,社会不参与高校办学决策,使得高校难以从治理层面上建立与社会紧密联系的机制。学科、专业、产业之间的相互渗透,需要建立相应的协调管理机制加以促进。[192]然而,企业等高校的重要利益相关者,缺乏有效的途径和机制参与高校学科专业的设置以及教学课程计划的制定,造成结构性的就业问题。此外,现有的高校董事会、理事会的形式意义大于实质意义,难以真正有效发挥大学与社会的桥梁纽带作用。因此,高校难以及时感知并快速回应社会需求的变化。另一方面,社会参与的高等教育评估机制不完善,社会对大学的监督乏力。现有的评估机制,行政色彩仍然比较浓厚,评价的主观性也较强,难以发挥应有的作用。一个不合理的评估体系会把某些学科置于只适合于其他学科的框架之内,从而阻碍了它们的发展。[193]因此,学科动态性与大学治理封闭化,成为推进大学治理现代化必须认真解决的问题。

(三)学术活动特殊性与科层管理僵硬化的矛盾

学术活动特殊性与科层管理僵硬化的矛盾实质是大学内部的激励不相容。大学的一切活动实际上都围绕着知识而展开,知识生产、知识传播、知识应用成为大学的重要使命。其中,知识生产水平是大学办学实力的重要体现。知识生产属于专业化的探索性活动,具有典型的不确定性和复杂性特点。因此,对知识生产等学术事务的管理,也必然具有相应的特殊性。具体体现在如下:其一,管理主体的特殊性。对于教授遴选、课程设置、学位标准等学术事务,只有学术权威才最有发言权。其二,管理方式的特殊性。学术探索的不确定需要为学者提供较为宽松的空间,才能确保教师群体潜心科研、追求卓越。其三,管理结构的特殊性。组织理论认为,技术的不确定性越高,组织的正式化和集中化程度越低。[7]因此,知识生产的特性,要求大学建立相对宽松的组织结构。综上所述,学术事务不适合按照科层化的行政手段来加以管理,[194]只有学者才知道如何治理学者。[195]

长期以来,我国大学管理存在僵硬化的科层管理问题。这种倾向主要表现为党委和行政系统的权力过于强大,过度干预学术事务。例如,在招生、人才引进、专业设置、课程开设等属于学术权力的传统领域也日益渗透和强化[196];对学术事务习惯于采用定量指标式的评价方式进行管理考核,被斥为导致学术质量下降和学术腐败的一个根源[197]。这种不符合学术规律的科层管理僵硬化,影响了大学的办学绩效和长远发展,已经成为阻碍大学治理现代化的重要因素。

第三章

大学创业的现状与问题

本章从分析大学的功能与类型出发,对大学创业的特征与模式进行理论探讨。在此基础上,把我国大学创业的类型分为基于办学战略定位的大学创业和基于办学功能拓展的大学创业,并分析当前我国大学创业的现状与问题,为分析大学治理对大学创业的影响以及相应对策的提出奠定基础。

第一节　大学创业的内涵

一、大学创业的概念与特征

如前文所述,大学创业有广义和狭义之分。本书主要从狭义的角度来界定大学创业。因此,大学创业是大学以知识创新为基础,以服务国家和产业发展需求为导向,通过开展继续教育、开展咨询活动、签订研发合同、知识产权转让和设立学科性公司与创办大学科技园区等方式实现大学知识创新商业化的过程。

大学创业是创业在大学的一种表现形式,因此大学创业的本质也是创新。组织控制理论认为,创新具有累积性、集体性和不确定性的特征。[17]同样,作为创新的一种特殊形式,大学创业活动也具有这些特征:

第一,大学创业具有累积性。一方面,作为大学创业关键资源的新知识和新技术,都是在前人的基础上形成和发展的,具有典型的累积性;另一方面,大学创业活动本身也是一个累积的过程。正如克拉克所说的:"大学创业总是先从大学基层单位和整个大学的若干人开始,通过组织的创新,经过若干年才能实现向创业型大学的转型。"[104]

第二,大学创业具有集体性。克拉克强调,这些层次的集体的创业活动,才是转型现象的中心。[104]大学创业的过程,也是组织学习的过程。集体学习通过个体学习的交流互动能够产生由量变到质变的飞跃。同时,大学创业是大学层面的集体活动,需要大学层面对各种资源配置的决策与协调。

第三,大学创业具有不确定性。克拉克认为,敢于在创建新的事业而结果还拿不准的时候冒风险是创业型的一个重要因素。[104]大学创业就是在不确定的环境中寻找创业机会,同时由于创业过程中竞争者的不确定性以及其他各种不可预知和控制的因素的作用,造成创业投入和产出的不确定性。因此,不确定性既孕育着大量的创业机会,也意味着创业活动需要承担较大的创业风险。

二、大学创业与社会服务

大学创业是大学功能演化的产物,是大学服务社会的集中体现。大学是历经千年而依然熠熠生辉的组织。美国加州大学前校长克拉克·克尔做过的一项统计研究,1520 年前建立的 85 个组织,至今以同样的方式、使用同样的名字、做着同样事情的,其中 70 个是大学,余者都是宗教组织。[198]在历经千年的历史长河中,大学的使命与功能不断拓展,人们对大学的认识也不断深化。现代意义上的大学发端于中世纪。英国红衣大主教纽曼在 1853 年发表的著作《大学的理想》一书中认为,大学是一个传授普遍知识的场所,他强调如果大学的目的是在于科学和哲学的发明,那么他就难以明白大学为什么要有学生。纽曼的观点代表着中世纪以来,人们对大学的普遍认识:大学是培养人才的地方,人才培养是大学的功能。19 世纪初期,洪堡在柏林大学发起大学改良运动,把科学研究引入大学,产生了大学的第二个职能。根据洪堡的观点,大学教师只有通过科研的创造性工作产出新的知识,才能促进教学,因此,教学与科研必须相结合。这一理念对高等教育发展产生极其深刻的影响,在今天看来,科学研究成为追求真理、生产知识的重要途径,科学研究水平已经成为大学办学实力和水平的重要标志。20 世纪初期,在《莫里尔法案》的推动下,威斯康星大学把社会服务作为大学的第三项功能,提出了"威斯康星思想",推动了高等教育的革新。大学在为社会服务的过程中,逐渐成为知识创造的中心、科技企业的孵化器、高新技术的辐射源,建立了政府—产业—大学的新型关系,展现大学创业活力和对社会经济发展的巨大影响力。

从狭义的角度讲,大学创业是知识商品化,这是社会服务功能的核心,大学正是通过大学创业这种独特的社会服务方式,在服务社会的同时,也为自身发展赢得社会的有力支持。

三、大学创业与创业型大学

大学在发展过程中,由于各种因素的综合作用,具有了不同的类型。每种类型,各有其培养目标、发展方向,都可以办出特色,争创一流。[199]对大学如何分类,不同的学者有着不同的看法。1971 年,美国卡内基教学促进基金会按照大学的性质和功能,把美国高等院校分为授予博士学位的高等学校、综合性大学和学院、文理学院、两年制的社区学院、职业学院、非传统教育院校等六种类型。[200]武书连按科研规模的大小,把大学分为研究型、研究教学型、教学研究型、教学型等四种类型。[201]这些探索和研究对于促进大学合理定位、科学发展、避免同质化具有积极的意义。这些分类虽然可以很好地体现大学的教学与科研的规模,但是却很难体现大学的社会服务职能。毕竟,对于今天的大学来讲,社会服务职能确实太重要了,它使得大学成为经济社会发展的发动机。为此,本书认为,可以按照大学的三大职能,即教学、科研、社会服务,而把大学划分为三大基本类型:

第一类是教学型大学。人才培养是大学最原始的功能,是大学的根本任务。如果只有科研,没有教学,那么这种机构一般称之为科研院所,不是大学。可以说,大学之所以是大学,某种意义上讲就在于教学。所有的大学都有教学,但并非所有的大学都是教学型大学。所谓教学型大学主要是指以承担人才培养为主的大学,并通过人才培养来服务社会。这类大学主要包括:新办本科院校、高等专科学校和高等职业技术学校。教学型大学具有一些显著的特点:一是从办学功能上讲,教学型大学以教学为主,教师中参与科研的较少,科研能力也比较弱;二是办学层次来讲,由于科研能力较弱,教学型大学以培养本科生为主,研究生规模很小,有的甚至不招收研究生;三是学校办学历史一般较短,大多属于区域性大学。

第二类是研究型大学。科学研究是大学的第二项功能。研究型大学是以知识的传播、生产和应用为中心,以产出高水平的科研成果和培养高层次精英人才为目标,在社会发展、经济建设、科教进步和文化繁荣中发挥重要作用的大学。[202]研究型大学,同样具有教学的功能,但是由于科研实力很强,科研规模很大,与教学型大学相比,研究型大学具有很多不同的特点:一是科研功能非常突出,实力雄厚,承担着大量的国家级和省级课题,是国家和区域创新的生力军。研究型大学不仅承担大量的基础研究,也承担着应用研究。二是办学层次比较高,研究生规模比较大,有的高校研究生规模超过了本科生规模。在研究型大学中,教学与科研互动良好,博士研究生、硕士研究生在导师的指导下承担着一定的科研任务,促进了教学质量的提高。三是拥有一支高素质的教师队伍。在研究型大学中,高层次人才云集,形成具有较强学科优势的人才高地,带动学校整体办学水平的提升。

第三类是创业型大学。服务社会是大学的第三项功能,大学创业是大学服务最集中的体现。在知识经济的时代浪潮中,一些大学把服务经济社会发展作为使命,充分利用自身的科研成果,推动产业发展,成为经济社会发展的发动机,并逐步向创业型大学转型。创业型大学与传统大学相比,在教学、科研和社会服务等方面,都具有自身的特点:在教学方面,创业型大学以为国家经济社会发展,特别是产业发展培养高层次创新、创业人才为目标,不再是孤立的、理论的教学,而是与科研、社会服务工作以及研究生教育紧密结合;在科研方面,创业型大学能够根据国家和区域的发展需要,对国家利益和国家目标作出最敏锐的反应,并且在大学、工业和政府的 TH 结构中发挥独特的作用;在服务社会方面,大学在国家和地区经济发展中的作用日益显著,为世界各国政府所高度关注。[203]

因此,大学创业是大学社会服务功能的核心,创业型大学是具有很强创业能力的大学。作为大学的办学功能,任何大学都具不同程度的创业能力,但是只有创业能力很强的大学,才属于创业型大学。

四、大学创业的模式

目前,对何为大学创业模式,学界并没有统一的看法和观点。所谓模式,指的是事务的标准样式。在企业创业模式研究方面,严志勇等人把高技术小企业的技术创业分为五种基本模式:研发单位的衍生公司、技术创业家寻求资金自行创业成立的公司、公司内部技术创业的衍生公司、公司技术引进或技术移转而衍生新公司、资本家寻求技术创业家合作发展成立的公司。[204]对于大学创业模式,亨利·埃茨科维茨从三螺旋创新的视角提出了大学创业的两种模式:美国模式和欧洲模式。在美国模式中,大学创业是科学研究的延伸;在欧洲模式中,大学创业是教学活动的延伸。[112]

因此,大学创业模式是指大学创业的方式和途径,也就是大学知识商品化的主要方式和途径。从这个概念界定出发,大学创业主要有开展咨询活动、合作研发、技术转让、创建衍生公司和创办大学科技园等五种模式:

(一)咨询活动

咨询活动是指大学教师应用自身的学科专业知识,为政府、企业和社会解决有关技术疑难或提出建议方案的活动。大学咨询活动可追溯到19世纪甚至更早。在19世纪早期,美国大学经常为政府、企业和个人提供技术咨询服务。20世纪以来,咨询活动在美国麻省理工学院等院校得到发展,这也导致麻省理工学院专门出台规定,确认教师咨询活动的合法化。咨询活动主要有两种类型:一是技术咨询。技术咨询主要是根据客户的需要,提供技术与经济信息分析、技术诊断、技术预测、技术选择、技术评价、技术可行性论证和技术培训等服务。[205]二是决策咨询。随着科学技术的发展和社会问题的日益复杂,政府决策会涉及大量复杂的专业知识,故必须要借助专家的外脑作用才能保障决策的科学化、民主化。由此决策咨询日益受到各级政府的高度重视。科学技术在这里有着充满活力的作用,为此,政府最关心从这些领域得到最好的政策咨询,以便我们能够回答未来的挑战。[206]咨询活动由于涉及教师工作时间、岗位职责和报酬以及大学仪器设备使用等问题,因此,大学往往会制定相关政策规定,解决教师咨询活动与教学工作的时间冲突,明确教师与大学在咨询收入方面的利益分配。

(二)合作研发

合作研发是大学创业的重要途径,也是对咨询活动的一种突破。咨询活动常常是教师个体的活动,而合作研发是大学或大学的某个机构与企业正式签订合同,针对企业的技术创新需求,共同开展技术攻关。合作研发具有一些特点:一是课题导向市场化。校企合作研发是以市场需求为导向的应用研究。合作研发的课题来源于企业的生产需求和创新需求,立足于解决实际问题,具有很强的应用导向和市场导向。二是合作方式多样化。合作方式主要有签订研发合同、共建研发中心和联合开展课题攻关。签订研发合同是指企业或有关单位以签订技术研发合同的方式,将某项研究课题委托大学来进行研究,并由委托方提供课题所需经费。共建研发中心是指大学与企业签订共建合同,由企业在大学设立研发中心或者大学在企业设立研发中心,以达到资源共享,合作双赢之目的。一般而言,企业在大学设立研发中心,主要是以提供经费形式资助大学建设研发中心,企业可以优先使用。大学在企业设立研发中心,主要是企业希望吸引大学的高层次人才,就近到企业从事研发工作。三是开展联合攻关。企业的科研人员和大学的科研人员组成联合攻关团队,优势互补,资源共享,共同攻克企业的技术难题。通过校企合作研发的形式,大学不仅可以获得大量的科研经费资助,而且能够产生一批直接支持企业技术创新的重大成果。

(三)技术转让

技术转让是大学创业的主要模式。大学在知识创新的过程中,产生了大量的专利技术和专有技术。专利是通过授予专利所有人在一段时间内对专利技术的垄断权,从而起到激励技术创新的作用。专有技术是指尚未申请专利的具有实用性的先进技术秘密。专利技术和专有技术转让给企业,一方面能够给大学带来大量的科研经费,另一方面,也能过为企业带来大量的经济收益。技术转让,能够促进技术快速商业化。实施大学技术转让,首先,需要确定的是知识产权的归属和技术转让收入的分配。1980 年,美国通过的《贝杜法案》,实现了政府资助科研项目所产生发明的所有权由政府持有变成大学持有的转变。[207]英国几乎所有大学都拥有产生于教职员工的知识产权,但无权自动拥有产生于学生的知识产权。[208]另外,大学需要有专门的机构来负责。随着技术研究规模的扩大和校企合作的复杂程度不断加大,大学一般设有专门的技术转移机构负责技术转让事务,包括专利申请、技术展览、技术转让等事务,提高技术转让的效率。

(四)创建衍生公司

衍生公司也称为学科性公司,是依托高校科研人才优势与技术积淀,以高校优势学科的科技成果转化为目标,采用风险共担、利益共享的现代企业制度进行产品生产与商业化运营的经济实体。[209]大学衍生公司有利于提高大学知识技术转移的效率,反哺大学的科研,同时还能够引领区域产业发展。Bercovitz,Janet 认为大学衍生公司是大学技术转移的核心机制,对知识商业化和发展经济财富的重要性日益增加。[210]衍生公司是大学将自身研究成果商业化的一种特殊方式,具有以下特点:一是以学科为依托。大学是衍生公司的母体,衍生公司的发展离不开大学的支持。特别是,衍生公司的技术创新来源于大学相应学科的知识创新。知识创新为衍生公司的发展提供了源源不断的创新来源。二是公司收益反哺学科建设。衍生公司的发展,不仅为学科发展提供了课题方向,同时也提供了经费支持。三是技术要素与管理要素的有机结合。衍生公司是大学技术创新成果与现代公司制度的有机结合,同时母体大学在一定程度上主导公司的经营管理。

(五)创办大学科技园

大学科技园是依托科研实力雄厚的大学,把大学的人才、学科等优势与企业资源有机结合起来,通过高科技企业孵化与创业人才培养来实现大学技术转移的服务平台和机构。大学科技园的基本功能主要应包括研发创新、企业孵化和人才孵化三个方面。[211]企业孵化是大学科技园的核心功能。大学科技园一般坐落于大学周边,为入驻的中小企业提供技术和管理等各方面的支持。例如,依托大学的学科优势和园区的各种社会资源,为孵化企业提供生产经营场所、企业管理咨询服务和风险资金支持,形成系统的支持企业成长的全方位支撑平台。在企业的孵化过程中,大学知识创新的成果能够直接快速地转化为商品。大学科技园不仅能够使企业降低生产经营成本与风险,而且也大大加速了大学技术转移进程。

第二节　我国大学创业的现状

20 世纪 80 年代以来,以麻省理工学院、斯坦福大学和沃里克大学等一批欧美大学,积极承担促进国家和区域发展的使命,发挥学科优势,带动产业发展,以技术转移为主要模式的大学创业活动不断发展。过去的三十多年来,大学通过技术转移的方式对科学技术进步和经济社会发展产生了重要的作用,受到政府、产业界和学术界的广泛关注。[212]我国的大学在国家和区域经济社会发展过程中发挥着重要的生力军作用,是国家和区域创新的重要组成部分。

目前,我国大学创业可以分为两大类型:第一类是基于办学战略定位的大学创业。这种类型的大学创业主要是学习借鉴西方的创业型大学发展模式,以建设创业型大学作为学校发展战略目标,期望通过创业型大学建设的路径,实现大学办学质量和实力的全面提升。第二类是基于办学功能定位的大学创业。这种类型的大学创业,基于大学服务社会的办学功能,发挥学校学科专业和人力资源优势,为国家和区域经济社会发展服务。

这两类创业活动都是大学创业。区别在于,前者是系统化的大学创业,大学寄希望于通过这种以知识生产为基础的知识商业化活动,改变办学资源匮乏的局面,带动办学质量和水平的提升。后者是大学科研实力雄厚、办学资源丰富,缺乏建设创业型大学的内在动力和需要,大学创业只是作为大学办学功能之一,不作为大学系统化的战略目标。目前,我国极少数大学的创业属于第一种类型,是基于办学战略定位的大学创业;绝大多数的大学创业属于第二种类型,是基于服务社会功能定位的大学创业。

一、基于办学战略定位的大学创业:创业型大学

基于办学战略定位的大学创业是以建设创业型大学为大学发展战略目标,从顶层设计上整体推进大学创业。采用这类做法的高校,在各自的办学层次上已经具备一定的办学实力,但仍然具有强烈的进取精神和服务区域发展的社会责任感,期望通过创业型大学建设,以服务求支持、以贡献求发展,在推动产业发展的同时,实现学校办学质量和水平的全面提升。因此,创业型大学建设是这些高校由大变强或者由弱变强的道路选择。目前,属于这类大学创业的高校主要有:福州大学、浙江农林大学等高校。

福州大学是这类大学创业的典型院校。福州大学创建于1958年。当时,福建刚刚解放不久,在一片废墟上百业待兴,工业发展需要科技人才极端匮乏。为了适应工业发展需要,福建省委、省政府决定创办以工科为主的发展大学。经过几代福大人的艰苦创业,1996年,福州大学进入国家"211工程"大学行列,实现学校发展的重大跨越。2008年,福州大学寒假工作会议提出建设创业型大学的办学理念,成为我国首家提出建设创业型大学的高校,开创了我国创业型大学建设的先河。2011年3月,福州大学第七届五次教代会审议通过的《福州大学中长期发展规划纲要(2010—2020年)》明确提出,到2020年全面实现区域特色创业型东南强校的战略目标。对于创业型大学办学特征,该规划认为主要体现在四个方面:第一,人才培养、科学研究和社会服务高度协调发展;第二,形成先进完备的创新创业教育体系,师生创新创业能力得到社会充分认可;第三,科技创新、技术转移和成果转化能力强,产学研用高度融合;第四,富有变革力的行政和学术组织体制,创业文化氛围浓厚,拓展外围办学资源和公共关系的能力强。2014年1月,福州大学在第六次校党代会明确提出了通过实施"三步走"战略,全面建成创业型东南强校,并向国内高水平大学迈进的战略目标。其中,第一步的战略目标是,到2018年左右,基本建成创业型东南强校;第二步的战略目标是,到2028年前后,全面建成创业型东南强校。从2008年提出创业型大学办学理念到2014年正式将创业型大学确定为

学校发展战略目标,福州大学在推进学校事业发展过程中,把创业型大学建设贯穿于学校事业发展的方方面面,依托以工为主、理工结合、多学科协调发展的优势,坚持走区域特色创业型东南强校之路的办学理念,主动服务、全面支撑、创新引领社会经济发展,得到了政府和社会的广泛认可。经查阅福州大学历年年鉴、校长工作报告、第六次党代会党委工作报告等材料,福州大学建设创业型大学的措施和成效,主要体现在以下几个方面:

(一)大学创业导向的人才培养

福州大学注重适应国家和福建经济发展需要,优化学科专业布局,学科专业对福建战略产业和传统优势产业的专业覆盖率不断提高。自从创业型大学的办学理念提出以来,福州大学主动适应发展先进制造业和战略性新兴产业的战略需求,与紫金集团合作创办了紫金矿业学院,与八方集团合作创办了八方物流学院,与新大陆集团合作创办了物联网学院,与泉港区政府和福建石油化工集团共同创办了石油化工学院,并适应发展海洋经济需要创办了海洋学院。探索特色鲜明的、以"八驱动"模块为核心的创业教育模式。八个驱动要素分别为:突出社会责任价值观、明确区域化特色定位、建设系统化课程体系、培养双师型素养教师、以科技创新引领创业、共创多元化实践平台、进行开放型资源整合和营造创业型校园文化。这些努力得到政府与社会的认可和好评。2014年8月,福州大学党委书记陈永正博士应邀为教育部高等教育司做了题为《努力培养创业型人才促进大学生高质量就业》的报告。2015年,在全国普通高校毕业生就业创业工作网络视频会议上,福州大学党委书记陈永正博士代表福州大学(全国三所高校之一)在教育部主会场作题为《建设"创业型大学"促进大学生高质量就业》的典型交流发言。此外,福州大学荣获"2014年度全国高校毕业生就业工作50强"。

(二)大学创业导向的科学研究

福州大学积极面向经济社会发展和国家重大需求,瞄准科学前沿、重大关键技术与共性技术,选择科学原创性、战略高科技和影响国计民生的重要领域,科技创新能力不断增强。科研资助经费保持较快的增长态势,从2008年的1.4亿元,增加到2014年的2.8亿元。获国家自然科学基金和国家社科基金项目总数从2008年的32项增加到2014年的90项。被SCIE收录的科技论文数从2008年的277篇增加到2014年的587篇;被EI收录的论文数从239篇增加到628篇。国家级科研平台从2008年的2个,增加到2014年的5

个。2013 年新增 1 个国家重点实验室,实现了福建省属高校零的突破。2014年,全国高校论文他引次数在全国排名 43 位,比 2013 年提前了 16 位。优势学科竞争力进一步增强,有 3 个学科总体学术影响力排名进入 ESI 全球相应学科的前 1%。另外,学校是全国为数不多的囊括国家三大科技奖的地方高校之一。

(三)大学创业导向的社会服务

学校在注重以科技创新服务我省深入实施创新驱动发展战略的同时,积极发挥多学科优势,不断提升服务经济社会发展水平。学校以高水平学科和人才队伍建设为基础,坚持顶天与立地相结合,内强实力、外拓渠道,加快技术转移,不断提高服务国家和区域经济社会发展的贡献度。福州大学与包括福州市人民政府在内的福建省 9 个设区市全部签订了战略合作协议。接受企业委托研发项目从 2008 年 185 项,增加到 2014 年 342 项,到校委托科研经费从 2008 年 0.35 亿元,增加到 2014 年 1 亿元。获批专利数从 2008 年的 53 件,增加到 2014 年的 185 件。技术转化水平大幅提升,技术转让鉴定合同数从 2008 年的 5 项,增加到 2014 年的 343 项,当年实际收入从 2008 年的 70.6 万元,增加到 2014 年的 8328 万元。学校科技园被国家科技部、教育部正式认定为国家级大学科技园,填补了福建省属高校没有国家大学科技园的空白。2014 年已成立学科性孵化公司 57 家、注册资金总额 6484 万元。福州大学是福建省高校中唯一的"国家技术转移示范机构",也是福建省唯一一家获得"全国技术市场金桥奖"和"中国产学研合作促进奖"的高校。

(四)大学创业导向的管理创新

福州大学重视加强现代大学制度建设,为创业型大学建设提供制度保障。2012 年 1 月福州大学在全省高校率先启动大学章程建设工作,2015 年获得福建省教育厅核准。学校被列为福建省现代大学制度改革试点高校。建立完善学术委员会、学部委员会制度;开展学院教授委员会试点工作,教授治学作用得到积极发挥。教代会在学校重大决策中的地位与作用不断加强,党务公开、校务公开和信息公开工作力度不断加大。深化校内管理体制改革,学校管理重心下移,推动校部机关机构改革,强化学院职能,实施办学资源成本核算和收支管理,学院办学的主动性和积极性不断增强。人事制度改革不断深化,制定出台《福州大学教师等专业技术职务聘任工作实施方案(试行)》和《福州大学绩效工资实施办法(试行)》,在福建省属高校中率先实行绩效工资制度和教师职务自主聘任制。学校事业发展呈现出充满生机和活力的局面。

二、基于办学功能定位的大学创业：社会服务职能

相比于福州大学、浙江农林大学确立建设创业型大学的战略目标，系统化地推进大学创业，我国更多的高校则选择以强化服务社会功能为导向，从办学功能上实现大学创业。这类创业是以大学的学科专业为支撑，以知识生产为基础，发挥高校人才云集、知识密集的优势，为国家实施创新驱动战略服务，成为了引领国家和区域创新的重要力量。

特别是，清华大学、北京大学等一大批办学实力雄厚的"985"工程高校，办学目标定位于建设世界一流大学或世界高水平知名大学，这些高校凝聚了一大批国内外的高层次顶尖人才，产出了一大批具有原始创新的重大科研成果，是国家创新体系的主力军。尽管这些高校没有明确提出建设创业型大学的目标，但作为国家队，他们依托高水平的人才优势和学科专业优势，在国家和区域经济社会发展方面发挥着重要作用，引领和促进产业发展，具有强大的社会服务功能，是我国大学创业的主要力量。从总体上讲，不论是"985"工程高校，还是其他"211"工程高校以及其他省属重点建设高校和一般高校，基于社会服务职能的大学创业是当前我国绝大多数高校推进创业的主要形态。根据教育部科学技术司每年发布的高等学校科技统计等资料，这种形态的大学创业的做法和成效，主要体现在以下几个方面：

（一）大学创业的知识生产

知识生产本身不应属于大学创业的范畴，但是知识生产是大学创业的基础和前提。以知识商业化为核心的大学创业，很大程度上是依靠知识生产来引领产业发展。特别是以麻省理工学院和斯坦福大学为代表的基于科研功能延伸的大学创业，知识生产和创新是大学创业的重要影响因素。大学科研机构在区域创新系统中的作用显得越来越突出，因为企业的创新活动越来越依赖于它们所生产的知识。[213]胡建勇等研究了1991年至2007年我国高校和相关区域发表科技论文和获得专利数据，研究表明我国的高校是区域创新成果的主要来源。[214]高校通过科学研究，特别是基础研究，提高了国家的原始创新能力，成为新知识、新技术的重要来源。

研究与发展人员是知识生产的主要承担者，其数量与质量是衡量知识生产实力的重要指标。2010年到2014年，全国高校研究与发展人员数量从31.5万人年增加到36.0万人年，总体上呈现稳步增长的态势。其中："211"工程高

校研究与发展人员数量大体保持平稳,其他本科院校研究与发展人员的数量增长比较明显。如图 3-1 所示。

（万人年）

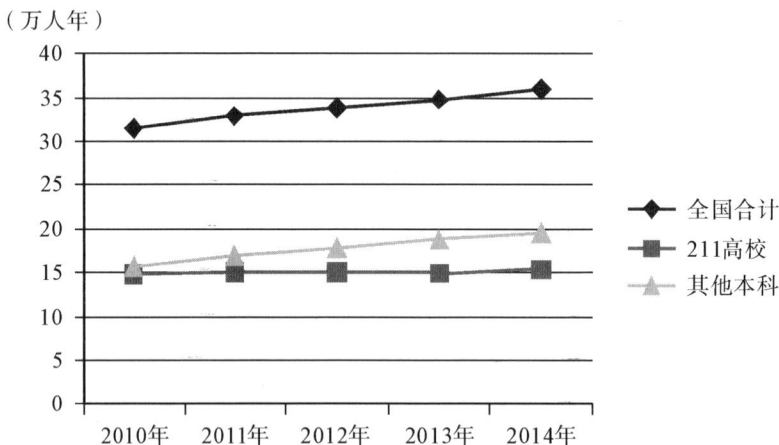

图 3-1　近五年高校研究与发展人员

政府资金科研经费是大学知识生产的主要经费来源,是评价大学科研实力的重要指标。2010 年到 2014 年,全国高校政府资金科研经费从 403.0 亿元,增加到 728.0 亿元,增长 80.6％。这说明国家对科研投入日益重视,经费投入不断增加。"211"工程高校的数量不到全国公办本科院校的 15％,但获得的政府资金科研经费占全国高校的 69.8％,是高校知识生产的主力军和中坚力量。如图 3-2 所示。

（亿元）

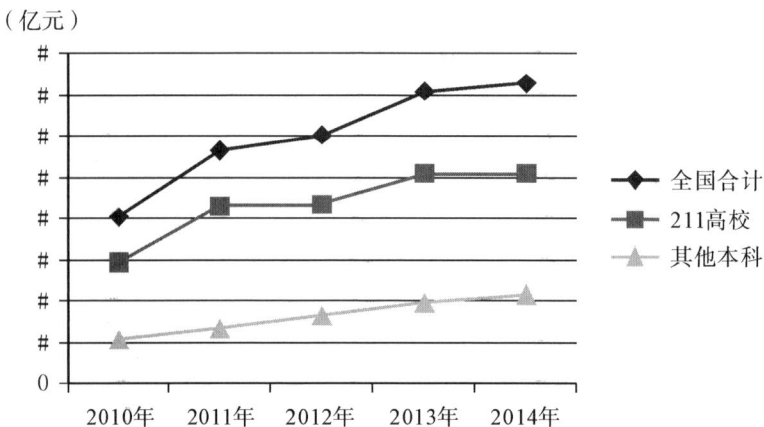

图 3-2　近五年高校当年拨入政府资金科研经费

　　学术论文是衡量大学知识产出的主要指标。2010 年到 2014 年,全国高校发表学术论文从 15.1 万篇增加到 23.9 万篇,增长 58.3％。2014 年,"211"工程高校发表论文 15.7 万篇,占全国高校的 65.7％。这说明,我国大学的科研实力不断增强,知识生产水平不断提高。如图 3-3 所示。

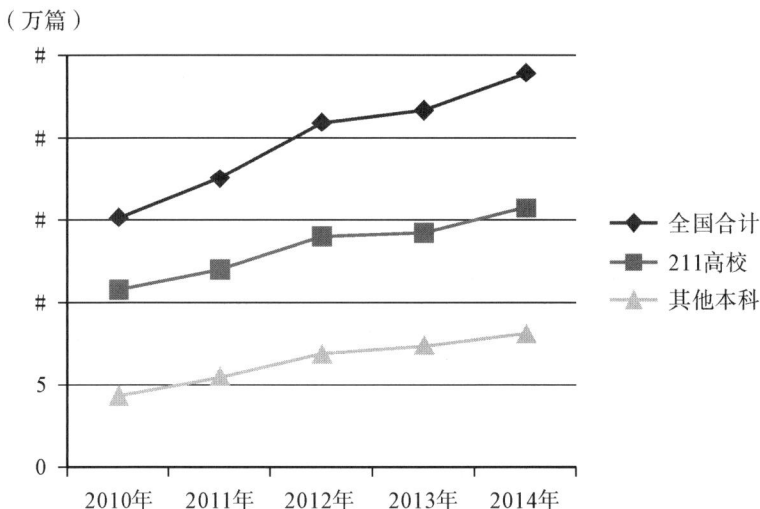

图 3-3　近五年高校发表学术论文

(二)大学创业的合作研发

　　合作研发是大学创业的重要途径。大学与企业通过双方共同建设研发中心和实验室,或者开展科研合作攻关,不仅有利于研究成果向企业转移,也有利于大学获取企业资源提升科研水平。在合作研发的推动下,大学能够更加主动地面向经济社会发展需求,发挥自身的科技与人才优势,解决企业生产中遇到的实际技术问题,推动产业转型和升级,促进国家和区域技术创新。2010 年到 2014 年,全国高校企事业单位委托合同经费大幅上升,从 224.5 亿元增加到 360.8 亿元,增长 60.7％。其中,"211"工程高校从 154.5 亿元增加到 254.9 亿元,增长 65.0％;其他本科高校从 68.9 亿元增加到 103.6 亿元,增长 50.4％。2014 年,"211"工程高校企事业单位委托合同经费 254.9 亿元,占全国高校的 70.6％。这说明,"211"工程高校不仅知识生产水平高于其他本科高校,而且知识转化水平也高于其他本科高校,是基于科研的大学创业的主力军。如图 3-4 所示。

（亿元）

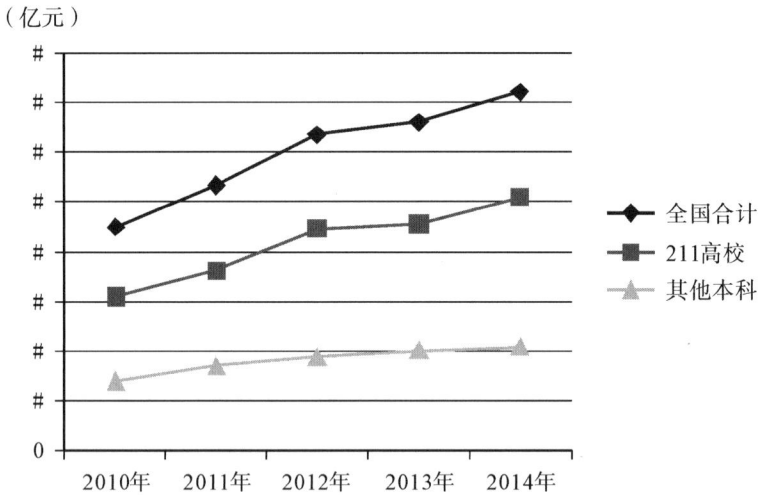

图 3-4　近五年高校企事业单位委托合同经费

（三）大学创业的专利转让

大学具有雄厚的科研基础,是国家和区域创新的重要力量。专利拥有数量是大学科研实力的重要标志之一。大学拥有的专利等知识产权是大学创业的重要无形资产,专利许可和转让是大学创业重要的途径和方式。1985 年,我国专利法实施以来,大学逐步重视专利工作,专利申请与专利转让稳步提升,取得了明显的成效。根据我国专利法的规定,专利的种类主要有:发明专利、实用新型专利和外观设计专利三类。2004 年,教育部和国家知识产权局共同制定发布了《关于进一步加强高等学校知识产权工作的若干意见》,要求大学要加强知识产权战略的研究和知识产权管理制度建设,推动专利等的申请、保护和实施。

专利授权是经过专利管理部门审查并颁发授权通知书的专利。2010 年到 2014 年全国高校专利授权增长较快,从 2.5 万件增加到 8.0 万件,增长 3.2 倍。其中:"211"工程大学从 1.5 万件增加到 4.0 万件,增长 2.7 倍;其他本科高校从 0.9 万件增加到 3.5 万件,增长 3.9 倍。2014 年,"211"工程高校获得专利授权 4.0 万件,占全国高校专利授权的 50％。如图 3-5 所示。

（千项）

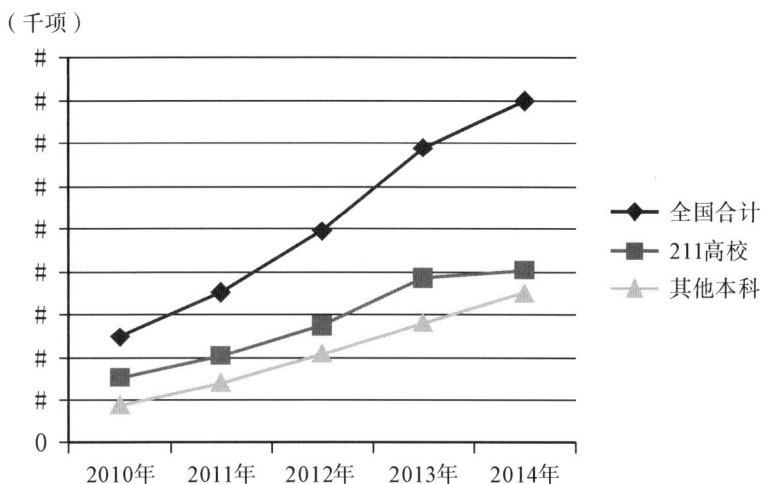

图 3-5 近五年高校专利授权数

技术转让既包括专利授权转让,也包括专有技术的转让。2010 年到 2014 年全国高校技术转让合同数,从 8 770 项增加到 10 534 项,增长 20.1%。其中:211 工程大学从 5 373 项增加到 5 945 项,增长 10.6%;其他本科高校从 3 344项增加到 4 515 项,增长 35.0%。2014 年,"211"工程高校技术转让合同数 5 945 项,占全国高校专利授权的 53.6%。这说明,近五年来,"211"工程高校技术转让数增长缓慢,远远低于专利授权的增长。如图 3-6 所示。

（千项）

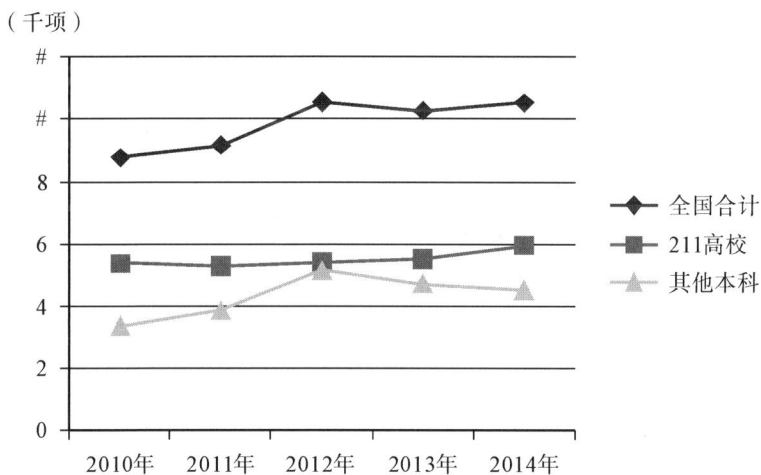

图 3-6 近五年高校技术转让合同数

从技术转让当年实际收入看,2010 年到 2014 年全国高校技术转让当年实际收入,从 21.5 亿元增加到 27.2 亿元,增长 26.5%。如图 3-7 所示。

（亿元）

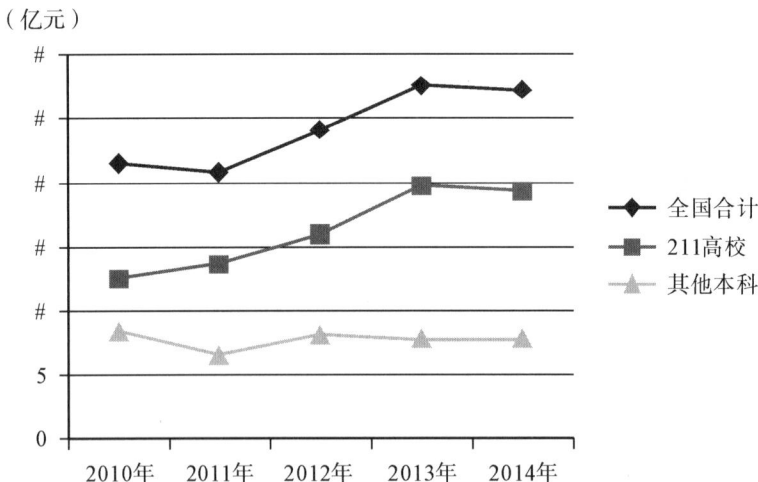

图 3-7　近五年高校技术转让当年实际收入

从图中可见,"211"工程大学从 12.5 亿元增加到 19.3 亿元,增长 54.4%;其他本科高校从 8.4 亿元减少到 7.9 亿元,减少 6.0%。这说明,近五年来,"211"工程高校技术转让当年实际收入增长缓慢,远远低于专利授权的增长;其他本科高校技术转让当年实际收入不增反降,与专利授权数的增加形成巨大的反差。

（四）大学创业的衍生公司

大学衍生企业,也称为高校校办企业,是大学依托学科专业优势创办的企业。通过创办衍生企业,大学直接将自身的研究成果商业化。Steffensen 等人认为大学衍生企业是一种新成立的公司,它的雇员是作为母体大学的教职工,它的核心技术来自母体大学的研究成果。[215]改革开放以来,我国大学发展学校科技和人才优势,创办一批科技企业,是我国大学早期促进知识商业化的主要途径,在加速科技成果转化和产业化方面取得了显著成绩。1998 年颁布的《高等教育法》第六十三条明确规定:"国家对高等学校进口图书资料、教学科研设备以及校办产业实行优惠政策。"2005 年,教育部在总结清华大学等高校创办校办企业经验的基础上,制定《关于积极发展、规范管理高校科技产业的指导意见》,通过规范管理、改革创新,全面推进科技成果转化和产业化。

根据教育部公布的 2013 年度《高等学校校办企业统计概要公告》[216],据不完全统计,2013 年度,全国共有 552 所普通高校参加全国普通高校校办企业统计工作,涉及企业 5 279 家。2013 年度全国普通高校校办企业资产总额为 3 538.06 亿元,其中,排在前五位的高校分别是:北京大学、清华大学、东北大学、同济大学、中国石油大学(华东)。这表明,我国大学衍生企业的发展非常的不平衡。如图 3-8 所示。

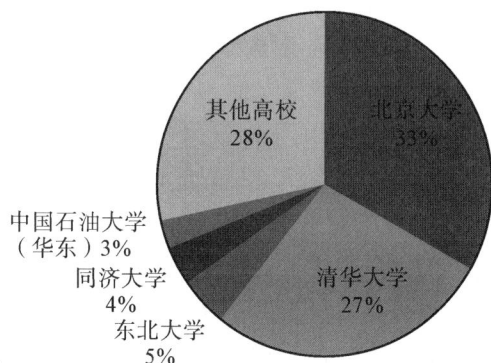

图 3-8　2013 年度五所高校校办企业资产总额占比

　　2013 年度全国普通高校校办企业营业收入为 2 080.62 亿元,净利润为 83.12 亿元,归属于学校方股东的净利润为 41.88 亿元。其中,校办企业归属于学校方股东净利润排在前五位的高校分别为:北京大学 8.40 亿元,清华大学 4.43 亿元,同济大学 3.49 亿元,北京外国语大学 2.73 亿元,浙江大学 1.42 亿元。如图 3-9 所示。

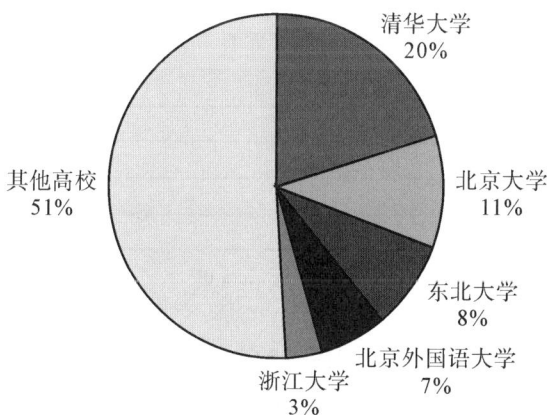

图 3-9　2013 年度五所高校校办企业净利润占比

(五)大学创业的科技园区

大学科技园区是大学创业的重要途径。20 世纪 80 年代以来,我国大学开始探索借鉴美国硅谷模式,建立大学科技园,促进科技成果转化,孵化高技术企业,培养创业型人才。1988 年,东北大学率先建立大学科技园,开创了国内高校建立大学科技园的先河。2002 年,国家科技部和教育部联合启动了国家大学科技园建设工作,首批认定清华大学国家大学科技园、北京大学国家大学科技园等 22 个国家级大学科技园。2006 年,科技部和教育部制定了《国家大学科技园认定和管理办法》,明确了国家大学科技园的认定和管理办法,促进国家大学科技园的建设和规范管理。截止到 2014 年底,共有 10 批次 115 个国家大学科技园获得认定。

根据科学技术部火炬高技术产业开发中心的统计数据,2004 年至 2013 年的十年间,国家大学科技园数量从 42 个增加到 94 个。[217]这表明,大学科技园的作用得到政府和大学的认可和重视。一些科研实力比较强的大学,通过国家级大学科技园的申报与建设工作,来提升大学创业能力,更好地为国家和区域经济社会发展服务。政府部门也不断通过审批促进高校加强大学科技园的建设,引导高校服务经济社会发展。如图 3-10 所示。

（个）

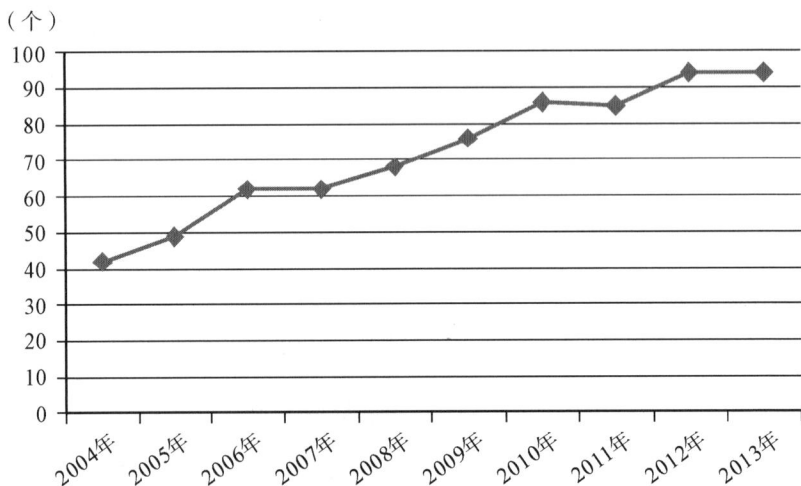

图 3-10　国家大学科技园数量

国家大学科技园作为大学创业的重要载体,对国家和区域经济社会发展发挥了重要作用,取得显著的成效。2004 年至 2013 年的十年间,全国大学科技园在孵企业数从 4 978 个增加到 8 204 个。如图 3-11 所示。

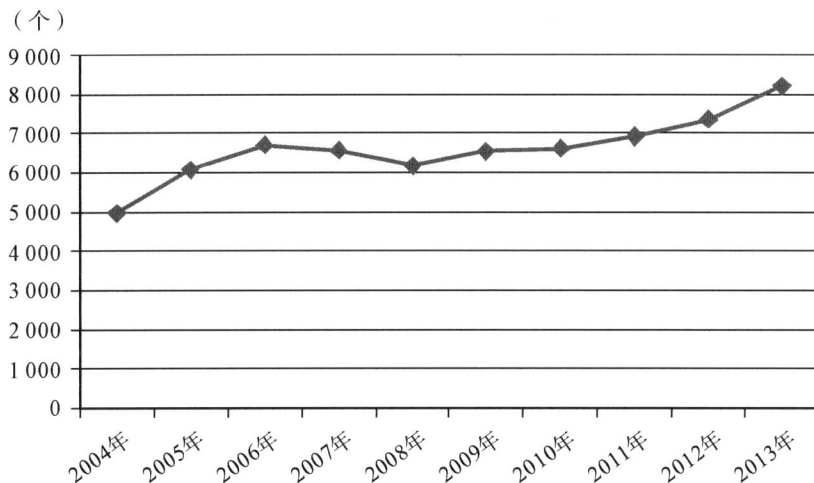

（个）

图 3-11　国家大学科技园在孵企业数

2004 年至 2013 年的十年间，全国大学科技园在孵企业总收入从 226.2 亿元增加到 262.1 亿元。可以看出，尽管大学科技园的数量不断增加，在孵企业数总体也保持增加的趋势，但是在孵企业的总收入在 2009 年达到顶点后，2010 年出现较大的下滑。考虑到通货膨胀因素，实际上说明孵化企业的盈利能力在 2010 年之后，出现较大的减弱。如图 3-12 所示。

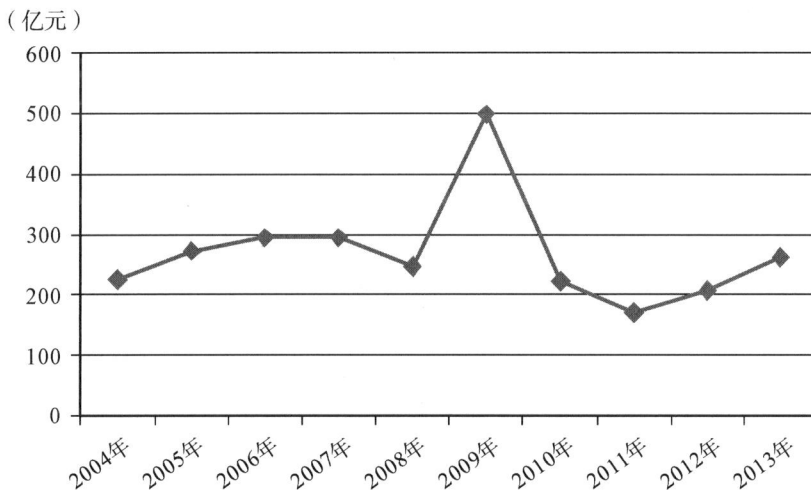

（亿元）

图 3-12　国家大学科技园在孵企业总收入

第三节 我国大学创业存在的问题

从近年来我国大学创业的现状看,大学创业主要体现为基于办学功能的创业活动。通过这种基于学科专业优势的知识商业化活动,大学科研成果能够转化生产力,促进和带动产业发展,为国家和区域经济社会发展做出了重要的贡献。同时也为大学争取了大量的社会资源投入,促进大学办学质量和水平的全面提升。但是,我们也要看到大学创业还存在不少问题,主要有:

一、大学创业意愿淡薄

创业意愿是潜在创业主体对创业活动的一种主观态度,是对创业者特质的程度和对创业的态度、能力的一般描述。[218] Krueger 认为创业者具有一定的创业意愿,才会真正从事创业活动。[219] 从我国大学创业的情况看,总体上大学创业的意识不足,动力不强。第一,大学是国家财政拨款的事业单位,在办学经费等方面对政府具有较强的依赖性,特别是大学对于从事知识商业化行为缺乏内在的需求和动力。很多高校对大学创业活动,没有专门制定长远规划和工作方案,缺乏主动服务经济社会、以服务求支持、以贡献促发展的意识和观念。第二,大学科研的市场导向不强,注重于传统的教学科研职能,漠视社会服务职能。大学的科研没有很好地面向国家战略和产业发展需求,关注于申报课题、产出学术成果,而不注重成果的市场运用价值。同时,大学对教师的评价机制存在偏差,存在重论文、重数量、重评奖,造成产出的科研成果与市场的实际需求存在较大的差距。第三,大学创业宣传教育力度不够,创业的氛围不够浓厚,使得大家缺乏创业意识和观念,错过很多创业机会。

二、大学创业成效不高

虽然,我国大学在创业方面做了大量的有益探索,取得不少成绩,对经济社会和创业发展做出了积极的贡献,但是跟大学应该承担的社会责任相比,大学的创业成效还有待提升。一方面,科研成果转化率偏低。大学创业的本质是知识商业化。科研成果转化率是衡量大学创业成效的主要指标。一直以来,我国科技成果转化率和产业率都偏低,据统计,发达国家的科技成果转化率是 80%,而我国科技成果转化率仅为 20%,真正实现产业化的不足 5%。[220]特别是,专利转让是大学创业的主要模式。大量的统计信息和研究表明,我国大学的专利授权数量大,但是转化利用效率不高,导致大量专利技术闲置,被束之高阁。根据中国专利技术开发公司发布的《中国大学专利态势及影响力统计分析研究》报告,1985 年至 2013 年,我国"985 工程"高校拥有的授权专利总量达到 12.4 万件,但实施专利许可和转让的仅有 6 191 件,只占授权专利总量的 5%。[221]许坤对我国高校专利转化率的研究表明,2009—2013 年我国各类高校专利转化率普遍较低,平均值为 5%左右。[222]这表明,市场对高校专利的认可程度不高,反过来也说明大学创业在专利许可和转让方面的绩效不高。另一方面,大学对区域产业发展的推动作用没有充分发挥。据调查,高校科技成果的本地转化率一般在 40%左右,因此高校直接推动地方经济发展的巨大潜力没有充分发挥。[223]高校和科研院所专利大量"沉睡",带来的直接经济效益有限。2011 年至 2013 年,福建省高校专利出售合同仅 123 项、合同金额不足 2 000 万元。与企业专利实施率 36.4%相比,高校科研院所的专利实施率仅为 7.67%。[224]

三、大学创业资金短缺

创业资源是影响大学创业的主要因素。资金是重要的创业资源之一,资金是否充足直接影响到创业的绩效。研究表明,资金支持不足已经成为制约高校科技成果转化的最大瓶颈。目前湖南省科学研究、中试和产业化三个阶段的投入比例为 1∶2.16∶1.43,这与发达国家各环节投入呈几何级数增加(1∶10∶100)的成功做法相差甚远,大量高校科技成果因缺乏资金支持无法产业化甚至就在实验室"束之高阁"。[223]第一,政府的投入不够。基础研究是大学创业的基础,政府对基础研究投入力度不够,特别是政府科技支出占财政支出的比例较小,影响了知识生产。一些原创性的重大创新成果,能够对创业的发展起到很好的促进作用。但是,这种原创性成果必须是高质量的、高水平的。此外,政府对高校下拨的科研经费主要集中在基础研究和应用基础研究上,对于政府、高等学校和研究者来说,大部分成果中试与成果商品化需要的巨大资金和风险难以承担。[225]第二,风险投资资金不足。由于企业对于具有不确定性的创业活动普遍持慎重保持的态度,不愿意投入大量的经费在这些高风险、不成熟的创业活动中。第三,创业风险资金不足。据有关资料统计,我国已成功转化的科研成果中,转化的资金靠自筹的 56%,国家科研计划的

26%,而风险投资仅占.23%。与此相反,在美国,至少有50%以上的高新技术企业得到过风险投资的帮助。[225]

四、大学创业能力较弱

创业活动是一种累积性、集体性和不确定性的特点,需要面对各种不确定的环境,对创业者的能力素质提出了更高的要求,只有这样才能应对创业活动带来的各种挑战和风险。从创业者的视角看,我国大学的创业能力总体上还比较弱。一方面,大学的科研创新能力还有待提高,科研成果的成熟度不高。不少大学的科研成果成熟度不够,距离产业化还有相当的距离。相当一部分是科研水平所限,在技术上达不到产业化所需的性能和指标。调查研究表明,有19.6%的大型企业和28%的中小企业认为,高校提供的技术成果的配套性和成熟度差,企业不愿也无法使用它们。[226]另一方面,大学的创业经营能力不高。大学创业是一种商业特点很强的活动,既需要管理知识和法律知识,又要具备市场经营能力。对于大学而言,广大教职工虽然既有较强的学术能力,但是往往不善于经营管理,普遍缺乏市场营销经验和市场公关能力,难以胜任高度复杂的创业活动。

五、大学创业服务缺位

大学创业是一项系统工程,需要较强的创业服务体系来作为支撑。将一项发明专利进行转化,除了需要资金作为支撑,还需要建设完善的服务平台,而缺乏成熟的中介市场和有效的交易方式,也是导致许多专利技术"嫁不出去"的重要原因。[224]第一,技术交易市场不完善。技术交易市场在大学创业中发挥着十分重要的作用,是大学与企业的桥梁和纽带。目前,我国的技术教义市场总体上还不完善,绝大多数交易市场是政府举办,社会组织举办的很少。例如,福建省90%以上的科技中介机构是由政府主办的,企业和民间协会创办的不到10%,没有形成全社会广泛参与的局面。[220]第二,高校自身的技术转移机构还不完善。一些高校对技术转移重视不够,没有专门设立技术转移机构。此外,设立技术转移机构的高校,在人员配备方面,往往存在重视科研部门的力量配备而忽视技术转移部门的力量配备。研究表明,由于高校科技成果的中介服务的缺乏,造成许多有价值的科技成果不能实现有效转化,也影响了高校科技成果的转化率。[227]

第四章

大学治理对大学创业影响的机理研究

　　本章利用组织控制理论的分析框架,构建大学治理影响大学创业的机理模型。在大学内部治理中,内部治理结构对大学创业的影响,主要通过决策控制、组织整合和资源承诺;领导班子结构通过决策控制、组织整合和资源承诺等方式影响到大学创业。在大学外部治理中,政治干预的决策控制、组织整合和资源承诺对大学创业起到重要的影响作用;社会参与的决策控制和资源承诺影响大学创业。这个机理模型,为下阶段的实证研究和对策研究提供理论基础。

第一节　大学治理影响大学创业的机理模型

一、组织控制理论的分析框架

　　组织控制理论是 2000 年美国学者奥沙利文提出的一种公司治理理论。此前,公司治理理论主要有两大学派:股东理论和利益相关者理论。这两种理论基于对公司契约性的认识,着力于资源配置而忽视了创新的贡献,因此未能将创新纳入理论框架。针对股东理论和利益相关者理论的这一缺陷,奥沙利文认为,创新是一种累积的、集体的和不确定的过程,能够产生创新的资源配置过程具有开发性、组织性和战略性,这就意味着创新的公司治理体制必须相应地具备财务承诺、组织整合和内部人控制这三个条件。没有一定的制度条件支持组织对知识和资金的控制,企业就不能通过对组织学习过程的战略投资产生创新。[17] 如图 4-1 所示。

创新	资源配置	经济治理
累积的 集体的 不确定的	开发性 组织性 战略性	财务承诺 组织整合 内部人控制

图 4-1　组织控制的逻辑(资料来源:奥沙利文)

组织控制理论的核心思想是治理就是为创新提供支持的制度体系,这些制度体系对创新过程的知识和资金这两个关键要素进行组织控制,而不是市场控制。

基于组织控制理论,大学治理就是为大学各项创新提供制度支持,从而实现对创新关键要素进行组织控制的制度体系,包括资源承诺、组织整合、决策控制三个层面的内容。一是资源承诺。根据奥沙利文的观点,财务承诺是使组织能够获得进行生产资源开发和利用的资金来源的制度支持。对于大学而言,由于知识生产的特殊性,资源承诺比财务承诺更能准确地体现人力资源在大学知识生产与应用中的极端重要性。因此,资源承诺是指支持将大学的资源投入到回报不确定性的创新活动的制度体系。二是组织整合。组织整合是对置身企业内部复杂劳动分工的参与者提供激励的社会制度支持。[17]如何保障大学教职工的目标函数与大学的目标函数保持激励相容,这是大学治理的关键问题。组织整合实质是一种激励机制,将大学的各种资源整合到大学各类创新活动之中,促进大学发展目标的实现。三是决策控制。根据奥沙利文的观点,内部人控制是指可以保证公司资源配置和收益的控制掌握在那些与产生创新的学习过程结为一体的决策人手里的组织控制。因此,内部人控制,实质就是决策控制。支持创新的大学治理,从决策控制层面讲,就是要把大学内部的控制权牢牢掌握在愿意创新、有能力创新的人手里。从组织控制理论视角看大学治理,还应该注意到大学治理的演化特征、路径依赖以及治理对创新支持的条件约束。总之,大学治理就是支持创新的制度体系,同时治理对创新的支持是动态的、有约束的,优化大学治理必须注重大学治理创新。

二、大学治理影响大学创业的模型构建

大学治理主要涉及大学与政府之间、大学与社会之间以及大学内部行政

权力、学术权力之间的关系。大学创业具有累积性、集体性和不确定性的特点，因此需要具有开发性、组织性和战略性的资源配置过程。这是大学治理的资源承诺、组织整合和决策控制对大学创业能够产生根本影响的原因。

　　根据组织控制理论的框架，本书构建了大学治理对大学创业的影响机理模型。谁来做决策，这始终是治理的核心问题。根据组织控制理论，决策控制是指把大学内部的控制权牢牢掌握在愿意创新、有能力创新的人手里。决策控制问题就是把大学决策权掌握在谁手里的问题，因此，决策控制直接关系到大学的创业意愿和导向。这些方面都对大学决策产生影响，从而影响到大学创业。激励机制是大学治理的关键问题，大学创业需要激励加以推动。组织整合能够通过激励机制的调控，激发师生创业的积极性和主动性，促进教学、科研和创业的有机结合与互动。大学创业具有的不确定性和高风险性的特点，要求大学治理支持将资源投入到这种回报不确定的创业活动之中。大学是典型的资源依赖组织，大学的外部治理为大学创业提供了资源承诺和保障。大学治理对大学创业的影响机理模型，如图 4-2 所示。

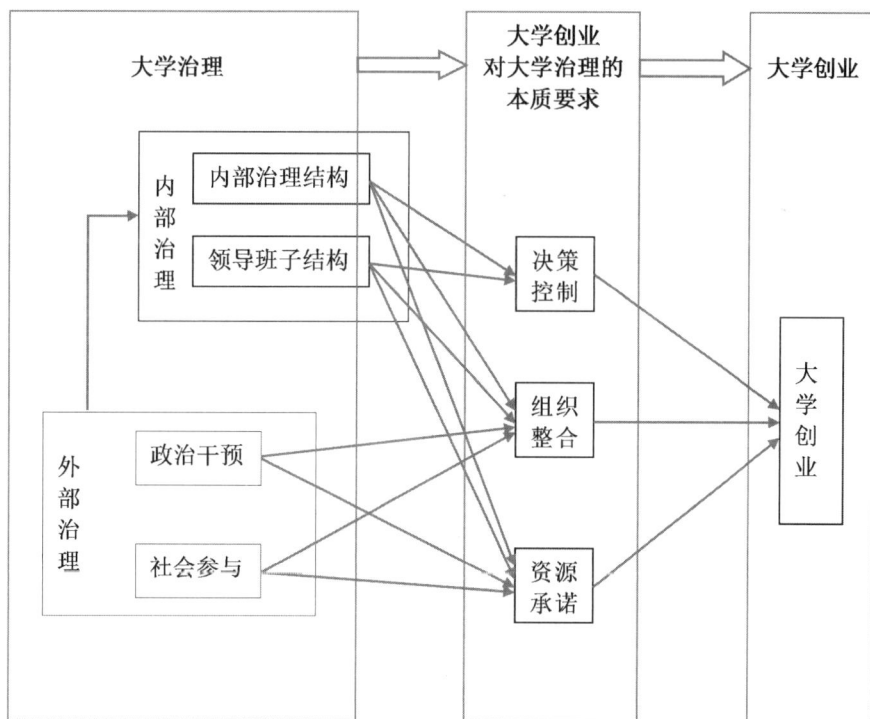

图 4-2　大学治理影响大学创业的机理模型

第二节　大学内部治理对大学创业的影响机理

一、大学内部治理结构对大学创业的影响

大学内部治理结构包括大学行政权力和学术权力的关系，也包括大学校院两级权力关系。这种权力关系主要通过决策控制、组织激励和资源承诺，对办学资源的配置产生影响，从而影响到大学创业。

(一)内部治理结构的决策控制

大学内部权力结构直接关系到大学决策，从对大学创业产生影响。大学内部治理结构主要是行政权力与学术权力的结构关系。根据哪种权力在大学决策中占据主导地位，大学内部治理结构大体上可分为行政主导型和学术主导型。在行政主导型的治理结构中，大学董事会(例如美国)或大学党委常委会(例如我国)是大学的最高决策机构，行政权力在决策中居主导地位，学术权力对决策具有不同程度的影响力。大学是典型的资源依赖型组织，[196] 为教学和科研提供资源和条件是行政管理的重要职责，因此，办学资源的争取和配置始终是行政权力运作的核心问题。行政权力遵循科层制的管理理念，以责任和效率为管理的价值取向，在为大学生存与发展争取办学资源的过程中，愿意将知识商业化从而获取更多资源，同时也具备较强的敏锐感，对大学创业进行决策。在学术主导型的治理结构中，教授占多数的大学学术评议会(例如英国大学)是大学最高决策机构，学术权力在决策中居于主导地位。由于学术权力所具有对学术自由与真理的内在追求，学术主导型的治理结构对大学创业的意愿不高，大学决策层难以为大学设定创业愿景，更不能促进大学创业由自发行为向集体组织转变。

(二)内部治理结构的组织整合

大学内部治理的组织整合对大学创业起到重要支持作用。大学创业的累积性、集体性和风险性都要求大学必须从治理层面对创业活动进行有效激励。第一，大学专门创业机构对创业的支持作用。大学通过建立技术转移办公室，

为专利申请与出售、技术转移项目对接等提供公共服务,可以促进科研成果商业化。以大学知识创新为依托,创办大学科技园,开展高科技企业孵化,对大学技术转移也起到了重要的支持作用。第二,下移管理重心对大学创业的促进作用。大学的二级院系是直接承担教学、科研和社会服务的组织,能否整合院系的力量,调动院系积极性、主动性和创造性直接关系到大学创业活动的开展。院系具有较大的办学自主权,能够成为相对独立的办学实体,有助于院系整合资源,因地制宜地争取资源和空间,从而增强创业的动力。第三,教职工考核评价制度对大学创业的激励作用。大学对教职工在工作量考核、职称评聘方面的评价体系,直接关系到教职工参与创业的积极性。

(三)内部治理结构的资源承诺

大学创业具有一定的不确定性,需要具有稳定持续的资源保障。大学内部治理结构的资源承诺,为大学创业提供了这种制度支持。从横向权力结构看,行政权力居于主导地位的大学内部治理结构,更容易集中学校资源,来支持大学创业;从纵向权力看,办学自主权较大的院系,由于掌握了更多的资源分配权,能够更加灵活地把资源投入到大学创业中来,保障大学创业在院系层面的全面开展。

二、大学领导班子结构对大学创业的影响

在不同的国度,大学领导班子具有不同的外延。在我国,根据我国高等教育法和党内法规的规定,公办大学实行党委领导下的校长负责制,党委全委会、常委会是学校最高决策机构,大学领导班子主要是指大学党委领导和行政领导。在美国,多数大学实行外行董事会领导下的校长负责制。董事会是学校最高决策机构,负责聘请校长,决定大学发展的重要事宜,大学领导班子主要包括董事会成员和校长、副校长等。

领导班子的结构通常指领导班子的规模、年龄结构、学术背景、职业背景等,这些结构特征影响了班子的整体素质和能力。大学创业,实质是大学知识资本化的过程。面对大学创业活动所具有的不确定性、复杂性和相互依赖性等特点,要引领大学实现促进产业发展的使命,大学领导班子必须具有很强的领导能力。这些领导能力与领导班子规模以及班子成员自身的学术背景、职业背景和年龄密切相关。大学领导班子结构通过决策控制、组织整合和资源承诺影响到大学创业。

第三节　大学外部治理对大学创业的影响机理

一、政治干预对大学创业的影响

政治干预是大学外部治理的主要方面,政府对高等教育的管理和控制不仅直接影响到大学的发展,也对大学创业的意愿和外部环境起到决定性的作用。政治干预通过决策控制、组织整合和资源承诺对大学创业起到重要的影响作用。

(一)政治干预的决策控制

政府对大学的干预,集中体现在对大学控制权的政治干预。从大学治理的演变看,在不同的时期、不同的国家,政治干预程度也大不相同。大学决策机构、领导班子组成、领导人员产生方式都是政治干预的结果。政治干预对大学创业的决策控制作用表现为:第一,政治干预决定大学决策权安排。大学最高权力机构是谁,是由国家以法律或特许状的形式加以明确。在美国,大学分为私立大学和公立大学。大多数私立大学根据特许状规定,董事会是大学的最高权力机构。公立大学根据州宪法和法律的规定,董事会是最高权力机构。因此,董事会对大学的重要事项进行决策。在我国,高等教育法明确规定,大学实行党委领导下的校长负责制。党委常委会或全委会是大学的最高权力机构。因此,大学的决策机构是由法律或国家颁发、认可的特许状规定的。这种政治干预决定了大学决策体制,从而影响到大学创业意愿和大学创业能力。第二,政治干预决定大学领导人员构成。在美国,根据法律或特许状规定,董事会的组成包括政府官员、工商业人士、校友、校长和师生代表。因此,美国大学董事会也被称为外行董事会。这种外行董事会由于政府人员和工商业人士占多数,因此能够迅速对社会需求做出回应,特别是有利于识别大学创业机会,并整合相关资源,促进大学创业。在我国,肩负大学决策职责的是党委领导班子。领导班子成员缺乏大学外部人士,特别是工商业人士,因此对大学创业机会的把握和对大学创业的运作能力不如美国高校。第三,政治干预决定大学领导人员产生方式。大学领导班子如何产生,是由立法和特许状规定,或者由政府组织任命。在美国,大学校长由董事会选举或任命。在法国,根据2013 年 7 月颁布的《高等教育与研究法》,大学校长由大学行政委员会选举产生。在我国,公立大学领导班子成员由政府按照党政领导干部有关工作规定,组织考核任命。从总体上看,美国大学的董事会和校长由于与政府和工商业联系紧密,因此创业意愿相对较强。我国大学领导班子虽然与工商业联系不够紧密,但是由于政府积极推动高校服务经济社会发展需求,大学领导班子作为政府任命的官员,也具有较大的创业意愿推动知识商业化,从而为经济社会发展服务。

(二)政治干预的组织整合

加强科技宏观管理,优化科学技术政策环境,促进本国的技术创新是各国政府管理的一项重要职能。世界上很多国家的政府积极采取各种激励和扶植措施,推动大学技术转移,以技术创新推动产业转型。政府的激励政策主要有:第一,知识产权保护。专利权是国家依法在一定时期内授予专利权人独占使用该专利的权利,其他人必须征得专利权人的许可,才能使用该项专利技术。专利权具有一定期限内的独占的排他性,这能够激励专利权人尽快开发应用该项专利,从中获取经济利益。美国 1980 年颁布的《贝杜法案》,授予大学拥有由联邦政府资助的科学研究所产生的知识产权。根据该法案的规定,联邦资助的科研项目成果归属于承担该项研究的大学。同时,政府保留一定的权力,如果政府认为该项知识产权没有被适当开发和利用,可以收回该权利。这就极大地调动大学转让或开发知识产权,并从中获得经济利益的积极性。此外,其也引起了大学组织上的变革,促进大学、政府、企业之间关系的重新定位,使大学成为美国国家创新系统中的重要组成部分。[228]Steffensen 等人对美国 55 所研究型大学的研究表明,大学知识产权保护对于技术转移绩效具有正向影响。[215]第二,利益分配激励。大学在创业过程中,必然会涉及大学、企业以及大学内部人员的利益分配问题,因此政府通过制定相关政策,科学合理地分担风险、分配利益,实现各方利益的激励相容。世界上多数国家法律明确规定,教师职务发明成果自动归属于该大学。在大学使用该项技术时,必须考虑到教师个体的利益。我国 1996 年颁布的《促进科技成果转化法》明确规定,企业、事业单位独立研究开发或者与其他单位合作研究开发的科技成果实施转化成功投产后,单位应当连续三至五年从实施该科技成果新增留利中提取不低于百分之五的比例,对完成该项科技成果及其转化做出重要贡献的人员给予奖励。第三,税收优惠政策。通过对企业技术创新给予税收优惠,是各国政府推动大学科技成果产业化的重要手段。英国、法国、意大利、日本、韩国等国家普遍采用税收优惠,支持大学创业。例如,韩国税收方面的优惠政策包括新技术推广所需资产投资税金减免或折旧制度、研究实验用设备投资税金减免或折旧制度、实验研究用样品和新技术开发产品免征特别消费税制度、技术转让收入法人税减免制度等。[95]

(三)政治干预的资源承诺

政府的财政支持,是大学创业的重要保障。政府通过经费资助,为大学创业活动提供直接或间接的经费支持。一方面,政府资助基础研究。大学创业的基础是知识和技术。财政研发投入水平直接决定大学知识产出,从而影响到大学创业活动。特别是,基础研究是技术创新的重要源泉,是自主创新能力的核心。但是,由于基础研究所具有的长期性、不确定性,企业缺乏开展基础研究的动力,政府承担着资助基础研究的主要责任。Etzkowitz 指出,政府在项目开发和资源提供方面对创新发展起到了决定性的作用。[112]研究表明,政府的研发资助对技术转移具有促进作用。[229]对我国 75 所"211"工程大学的实证研究表明,政府财政资金的支持力度越大,高校越能够摆脱资金的束缚,提高校企合作科研的积极性,从而提高技术转移成效。[230]另一方面,政府直接资助大学创业。世界上很多国家的政府直接为大学创业活动提供资助。德国通过实施"EXIST"计划,设立专门经费,支持大学开展的以科技知识或研究成果为基础的大学创业活动。[231]我国 1996 年颁布的《促进科技成果转化法》第二十一条规定:"国家财政用于科学技术、固定资产投资和技术改造的经费,应当有一定比例用于科技成果转化。科技成果转化的国家财政经费,主要用于科技成果转化的引导资金、贷款贴息、补助资金和风险投资以及其他促进科技成果转化的资金用途。"因此,政府的财政支持,对大学创业起到重要的促进作用。

二、社会参与对大学创业的影响

社会参与是指除了政府和高校之外的社会公众、团体组织等作为高校治理的载体,自觉地参与高校的各种活动或事务的决策、管理及运作,据此影响高校权力的运行和结构,分享高校发展成果的各种行为和过程。[232]社会参与主要通过决策控制与资源承诺对大学创业产生影响。

(一)社会参与的决策控制

社会对大学治理的参与,也是影响大学决策的重要因素。社会参与通过大学董事会等内部治理对大学决策起到影响和控制的作用,从而为大学创业提供了决策控制的支持。社会需求是大学生生不息的不竭动力源泉,大学创业本身就是大学发挥自身优势回应社会需求。通过社会参与大学的决策,构建大学与社会的桥梁纽带,可以促进大学在学术追求与社会责任之间保持适当的均衡,推动大学创业。

(二)社会参与的资源承诺

社会的经费支持,是大学经费多样化的重要渠道,也是大学创业的重要经费支持。大学通过与企业共建研发平台、共同开展科研合作、为企业提供技术咨询以及出售专利和专有技术等方式,从企业获得经费支持,为大学创业提供经费保障。风险资本是高校技术进入市场的资金保障。美国的风险投资由于政府的大力支持,拥有雄厚的科技实力和充足的资金实力,因而形成了良性循环。[233]此外,在政府的推动下,大学与企业、其他科研机构建立战略联盟等新型组织,促进产学研合作深入开展,对产业发展起到重要的支撑作用。

第五章

大学内部治理对大学创业
影响的实证研究

本章围绕着大学内部治理对大学创业的影响,通过问卷调查和统计数据收集的形式,将内部治理对大学创业的影响作为实证分析的对象。在理论分析的基础上,本书通过实证研究检验大学内部治理结构的测量模型,并运用该测量模型对不同办学层次和办学规模的大学内部治理结构差异进行分析。通过调查问卷,以我国113所大学的132份问卷为样本,运用结构方程模型对大学内部治理结构对大学创业影响进行定量研究。研究结果表明,在大学内部治理结构中,行政权力、学术权力和院系权力对知识创新都具有正向的影响作用;行政权力对大学创业具有正向的影响作用;知识创新在行政权力和大学创业中发挥部分中介作用。通过对全国86所高校的多元线性回归分析,研究表明大学领导班子结构特征对大学创业具有显著的影响。

第一节 大学内部治理结构维度验证
与差异性分析

大学治理结构是现代大学制度的基石,是推动和完善高校依法自主办学的重要配套工程,其实质是建构能够应对"冲突和多元利益"需要的决策权结构。[234]加强大学内部治理,建设现代大学制度是高等教育发展的一项重大任务,也是提高高等教育质量的重要保证。长期以来,我国大学内部治理存在着内部权力配置不当等问题[235],在内部结构上与政府行政组织有着明显的同构性质,大学内部行政权力主导,学术权力严重缺位[236],影响了高等教育质量的提升。为此,《国家中长期教育改革和发展规划纲要(2010—2020年)》把完善治理结构,作为完善中国特色现代大学制度的重要举措。当前,优化大学治理结构,已成为政府和高等教育界关注的热点。

近年来,我国高等教育界从制度经济学、公司治理等视角对大学治理结构进行了广泛的研究,取得了丰硕成果。但是现有的研究,大多是定性研究,较少有定量研究。究其原因,如何对大学内部治理结构这个抽象的概念进行测量,是一个关键的难点。目前,对大学内部治理结构的测量,主要见于王世全、李维安[127],肖静[126],古继宝、张颖等人[128]的研究。以往的这些研究,为大学内部治理结构的定量研究奠定了很好的基础,但大多采用客观指标来测量,有的测量指标的科学性有待检验,此外测量数据也很难获得。本书在系统梳理大学内部治理结构文献的基础上,以我国113所大学的132份问卷为样本,采用主观调查问卷的方式,运用结构方程模型对大学内部治理结构的测量维度进行验证性因子分析。研究结果表明,大学内部治理结构包括行政权力、学术权力、院系权力三个维度。研究结果还表明,不同办学层次、不同办学类型的大学,其内部治理结构存在一定程度的差异性。本研究为当前和今后一个时期内完善我国大学治理结构提供了实证参考依据。

一、理论分析与研究假设

治理结构是一个组织中各利益群体的相互关系,它通过权力的配置和运作机制来达到关系的平衡,以保障组织的有效运行并实现其根本目的。[237]治理结构的实质就是权力配置关系。大学治理结构,既包括涉及大学与政府、社会关系的外部治理结构,也包括大学内部关系的治理结构。从权力的视角看,大学内部治理结构主要是大学内部横向的权力关系和纵向的权力关系。

关于横向的权力关系,主要的看法有多元论和二元论。多元论,主要是国内学者根据我国高等教育的特色而提出来。例如,刘献君认为,大学组织中主要存在党组织系统、行政系统、学术系统、社群系统,相应地,它们分别具有政治权力、行政权力、学术权力和民主权力。[238]二元论则认为大学是行政权力和学术权力的结构体系。二元论实际上是把政治权力与行政权力合并为广义上的行政权力,包括了决策权与执行权,同时忽视了民主权力,特别是学生权力,因此二元论不如多元论全面准确地反映我国高校的内部治理结构。但从总体来讲,二元论抓住了大学内部治理结构的主要矛盾,便于简化模型。有鉴于此,本书采用二元论的观点,用行政权力和学术权力来度量大学内部治理的横向权力结构。

对行政权力、学术权力的界定,学术界众说纷纭。本书认为,大学的事务大致上可以分为行政事务和学术事务。对于行政事务,行政人员与学术人员在不同程度上都会对这些事务的产生影响,这种影响实质就是权力的最集中体现。如果行政人员对某一项事务的影响力大,那么学术人员的影响力就相应变小,反之亦然。同理,对于学术事务也是如此。因此,本书基于权力就是影响力的认识,定义行政权力为党委和行政对学校行政事务的影响力,学术权力为以学术委员会为核心的学术组织和以教授为代表的专任教师群体对学校学术事务的影响力。

根据本书对行政权力和学术权力的定义,行政权力实际上是行政系统对行政事务的影响力;学术权力是学术系统对学术事务的影响力。如果我们把大学的权力结构简化为只有行政权力和学术权力,那么这里就隐含着一个问题:对于行政事务,学术系统也存在一定的影响力;对于学术事务,行政系统同样也会有一定程度的影响力。因此,本书对行政权力与学术权力的定义,实际上就分别体现了行政系统与学术系统在各自领域的影响力。如果行政权力大,实际上就意味着行政系统对行政事务影响力比较大,学术系统对行政事务的影响力比较小。从集合的角度看,假设影响力总指标为100%,那么行政系统对行政事务的影响力为80%,就意味着学术系统对行政事务的影响力为20%;同理,如果学术系统对学术事务的影响力为60%,那么也可以推算出行政系统对学术事务的影响力为40%。行政权力与学术权力的逻辑关系如图5-1所示。

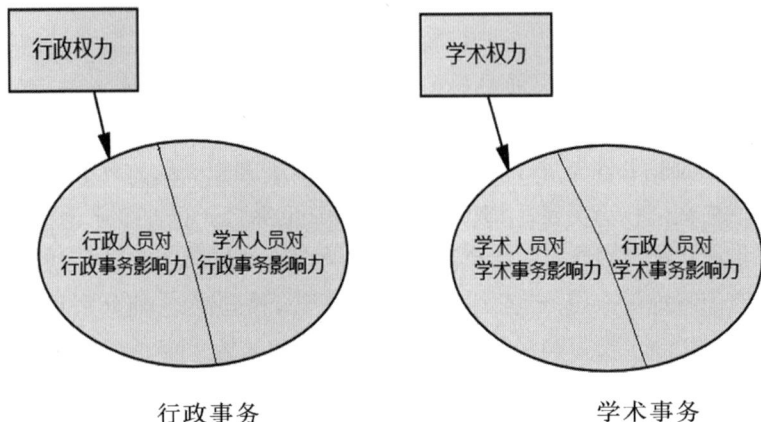

图 5-1 行政权力与学术权力概念关系模型图

关于纵向的权力关系,主要指大学权力在学校与院系两个层级的配置,也就是说学校与学院在权力关系上是集权还是分权。学院是大学组织实施人才培养、科学研究和社会服务的基本单元,是大学活力之所在。大学管理的重心是在学校层面,还是在院系层面,这也是大学治理结构的重要内容。本书定义院系权力就是大学所属的二级学院或系(以下简称院系)对院系自身事务进行自主管理的权力,以此来衡量大学内部治理的纵向权力关系。因此,如果院系权力大,就表明管理的重心在院系这个层级,反之,则说明管理的重心在学校层面。

基于上述分析,本书提出如下假设:

H1:大学内部治理结构包括行政权力、学术权力、院系权力三个维度。

组织理论认为,组织的权力集中度主要取决于任务的复杂度,技术的不确定性越高,组织的正式化程度和集中化程度越低。为更好适应环境变化,组织会改造自己的结构。[7]组织的权力配置,实际上是组织正式化程度和集中化程度的重要体现。作为大学内部的权力结构体系,由于办学层次、办学规模的不同,大学治理结构也会存在一定程度的差异性。Burton R.Clark 对创业型大学的研究发现,在高效率的创业型大学中,其顶层、中间和底部都具有很强的行政管理。[239]宣勇对中国大学组织结构的研究发现,在研究型大学中,围绕知识创新与学术发展,教授的学术权力影响增大,行政权力弱化,服务功能提升,管理重心下移;在教学研究型大学中,以知识应用和社会发展为取向,学院层面具有较大的自主权;在教学型大学中,组织目标以知识传授和学生发展为取向,大学的行政权力影响较大,学术权力影响较弱,学校一级对各类事务具有较大的主导权。[159]此外,大学内部治理结构也是动态演化的过程,在不同的发展阶段,由于所处的使命与环境的变化,大学内部治理结构适应性地发生变化,导致差异性的存在。

基于上述分析,本书提出如下假设:

H2:不同办学层次的大学,内部治理结构上存在一定程度的差异性。

H3:不同办学规模的大学,内部治理结构上存在一定程度的差异性。

二、研究方法

(一)研究取样和样本特征

本书的研究属于大学层面的研究,研究对象为公办大学。由于大学治理结构的相关数据难于从各大学网站等公开的资料中获得,因此,本书采取问卷调查的方式来收集数据。由于本书研究的行政权力、学术权力、院系权力,现有文献尚未有专门的测量量表。借鉴前人的研究,并在与高等教育管理、管理科学与工程领域的专家反复磋商的基础上,自行设计了一套以李克特五点计分法的测量量表。初始量表形成后,以 48 所高校为样本,进行了预调查,结果表明量表具有较好的信度和效度。根据预调查的反馈,对量表进行了改进和完善。

2014 年 11 月至 2015 年 4 月,采取匿名形式对全国高校进行问卷调查。为提高调查问卷的回收率和有效问卷率,通过现场发放填写、培训班问卷调查、网络问卷作答等方式,来获取更多的样本数据。最终发放问卷 175 份,回收 138 份,回收率 78.9%;有效问卷 132 份,有效问卷率 75.4%。在 132 份有效问卷调查中的高校有 113 所,其中:"985"高校 17 所,占 15%;"211 工程"高校 25 所,占 22.1%;省重点建设高校 38 所,占 33.6%;其他高校 33 所,占 29.2%。

(二)大学内部治理结构的测量

大学内部治理结构本质上是权力结构体系,因此从这个意义上讲,对大学内部治理结构的测量就是对权力结构体系的测量。权力来自一个人对另一个人所控制的资源的依赖,这里的权力指的是产生影响的潜力。[7]从权力的结果去反推权力本身,代表着权力定义和测量研究的发展方向。[240]由于大学内部治理结构尚未有可供参考的问卷调查的测量量表,本书从大学内部治理结构的内在逻辑出发,尝试构建测量量表。

1.横向权力的测量:行政权力与学术权力

对决策的影响程度,是权力大小最集中的体现。大学内部的权力关系实际上就是权力在大学内部各组群之间的分配或者说大学各组群参与大学决策的权利。[152]参考 McCormick,Meiners[122] 和 William,Brown[123] 等人的研究,用对决策事项的影响力来度量行政权力与学术权力。参考马剑虹、王重鸣[241]等人的研究,决策的影响力大小是按 5 点量表计量的,其中:没有影响力—1,很少影响力—2,中等影响力—3,较大影响力—4,很大影响力—5。

行政权力用学校党委和行政对学校中长期发展规划、学校机构设置与中层干部遴选、教职工收入分配的影响力等来测量。如表 5-1 所示。

表 5-1　行政权力初始测量量表

编号	测量题项
XZ1	学校中长期发展规划
XZ2	基建与财务
XZ3	学校机构设置与中层干部遴选
XZ4	教职工收入分配

　　学术权力用学术组织和专任教师群体对教师聘任与职称评聘、学科专业调整与设置、教学计划和课程内容与学位要求等的影响力来测量。如表 5-2 所示。

表 5-2　学术权力初始测量量表

编号	测量题项
XS1	校学术委员会成员遴选
XS2	教师聘任与职称评聘
XS3	科研项目管理与平台建设
XS4	学科专业调整与设置
XS5	教学计划、课程内容与学位要求

　　2.纵向权力的测量:院系权力

　　参考宣勇[159]对学院自主权包括自主理财权、自主用人和自主配置院内物力资源权的研究,用院系自主权来测量院系权力。自主权大小是按 5 点量表计量的,其中:没有自主权—1,很小自主权—2,中等自主权—3,较大自主权—4,很大自主权—5。院系权力用院系对院系内部机构设置与干部遴选、学院年度财务预算安排、科研项目管理与平台建设、教职工收入分配的影响力来测量。如表 5-3 所示。

表 5-3　院系权力初始测量量表

编号	测量题项
YX1	学院内部机构设置与干部遴选
YX2	学院年度财务预算安排
YX3	科研项目管理与平台建设
YX4	教职工收入分配
YX5	学科专业调整与设置

三、实证检验

(一)大学内部治理结构的探索性因素分析

　　本书运用 SPSS20.0 软件对大学内部治理结构进行探索性因素分析。在因子分析时,先进行 KMO 和 Bartlett 球形检验。一般认为,KMO 的值至少应在 0.6 以上,Bartlett 的显著性小于 0.05,方可进行因子分析。从表 5-4 可见,KMO 值达到 0.858,说明非常适合作因子分析。

表 5-4　KMO 和 Bartlett 的检验

取样足够度的 Kaiser-Meyer-Olkin 度量		0.858
Bartlett 的球形度检验	近似卡方	1 231.330
	df	91
	Sig.	0.000

采用最大方差主成分分析法,得到 3 个主成分,分别将这 3 个主成分命名为行政权力、学术权力、院系权力。3 个主成分解释了 73.970% 的变异,如表 5-5、表 5-6 所示。

表 5-5　解释的总方差

成分	初始特征值			提取平方和载入			旋转平方和载入		
	合计	方差的 %	累积 %	合计	方差的 %	累积 %	合计	方差的 %	累积 %
1	5.635	40.249	40.249	5.635	40.249	40.249	3.827	27.332	27.332
2	2.666	19.039	59.289	2.666	19.039	59.289	3.606	25.758	53.090
3	2.055	14.681	73.970	2.055	14.681	73.970	2.923	20.879	73.970
4	0.615	4.390	78.360						
5	0.543	3.879	82.239						
6	0.455	3.251	85.489						
7	0.424	3.031	88.520						
8	0.337	2.405	90.926						
9	0.268	1.913	92.839						
10	0.249	1.776	94.615						
11	0.214	1.529	96.144						
12	0.202	1.441	97.585						
13	0.180	1.289	98.875						
14	0.158	1.125	100.000						

表 5-6　旋转成分矩阵[a]

	成　　分		
	1	2	3
XS2	0.881	0.150	0.053
XS5	0.879	0.228	0.056
XS4	0.878	0.182	0.041
XS3	0.834	0.162	0.032
XS1	0.752	0.240	0.134
YH2	0.109	0.893	0.134
YH3	0.245	0.855	0.047
YH1	0.147	0.816	0.105
YH4	0.173	0.786	0.068
YH5	0.304	0.754	0.087
XZ2	0.096	0.043	0.894
XZ3	−0.034	0.114	0.846
XZ4	0.066	0.092	0.821
XZ1	0.119	0.103	0.815

采用内部一致性信度系数,即 α 系数来判断问卷测量是否稳定可靠。一般认为 α 值应大于 0.7。从表 5-7 可见,α 最值为 0.882,大于 0.7,说明测量量表具有较高的可靠性。

表 5-7　可靠性统计量

Cronbachs Alpha	项数
0.882	14

(二)大学内部治理结构的验证性因素分析

验证性因素分析必须有特定的理论观点或者概念架构作为基础,然后通过数学程序检验测量变量与潜在变量的假设关系,并评估测量量表的项目效度与信效度。[242]本书通过验证性因素分析,对大学内部治理结构的测量模型进行检验与修正,并进行信度、效度分析。

运用 AMOS6.0 软件对大学内部治理结构初始模型进行验证性因素分析。验证结果显示,部分测量指标残差不独立,表明这些指标内容存在一定程度的雷同。从测量模型的拟合效果看,具体拟合指标如下:Chi-square＝107.661,DF＝74,Chi/DF＝1.455,P＝0.006,GFI＝0.901,AGFI＝0.860,RM-SEA＝0.059,表明测量模型还有待改善。初始模型如图 5-2 所示。

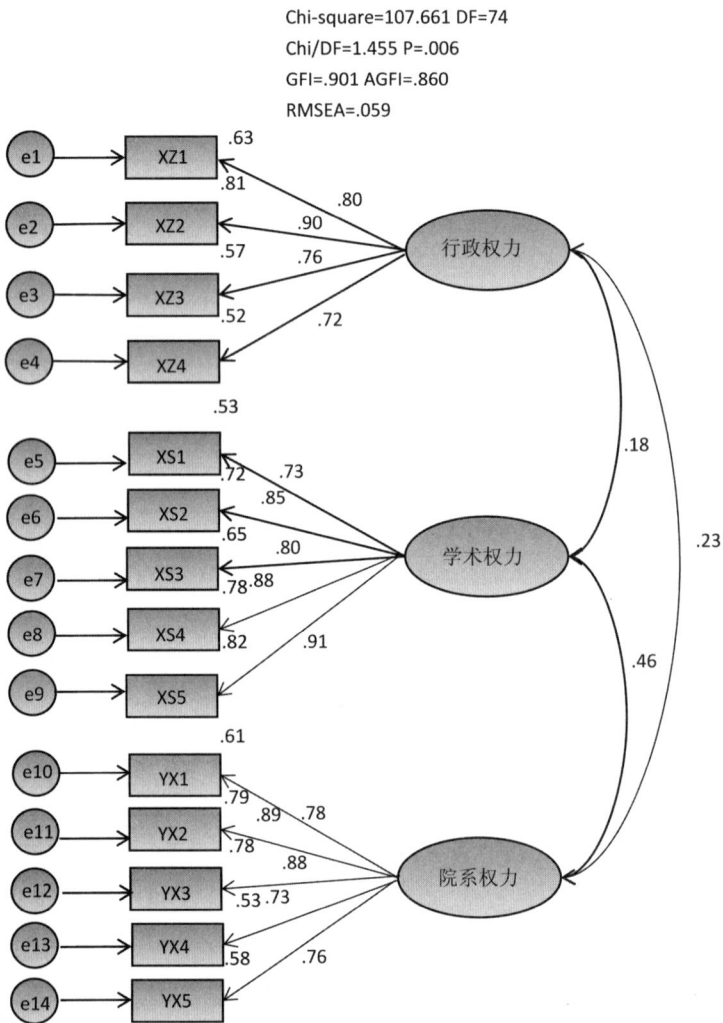

图 5-2　大学内部治理结构的初始模型

　　根据残差必须独立的原则,参照模型修正指数,对模型进行修正,在行政权力维度删去 XZ2;在学术权力维度删去 XS1、XS3;在院系权力维度删去YX5。修正后的模型具有非常理想的拟合效果,Chi-square＝26.852,DF＝32,Chi/DF＝0.839,P＝0.725,GFI＝0.964,AGFI＝0.939,RMSEA＝0.000。

这表明,大学内部治理结构包括行政权力、学术权力、院系权力三个维度的假设成立。修正后的模型如图 5-3 所示。

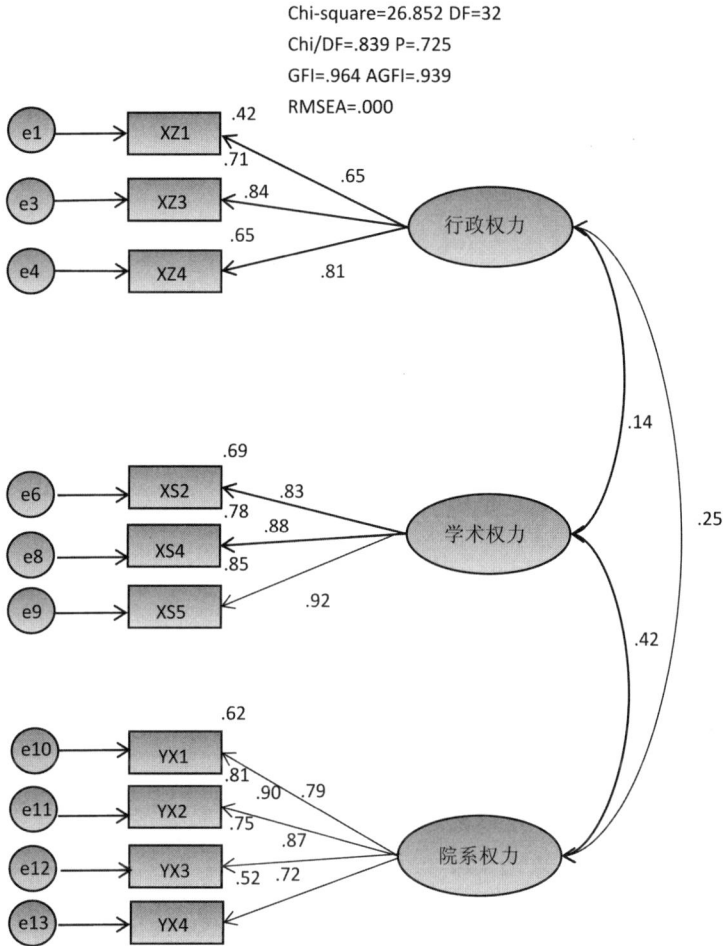

Chi-square=26.852 DF=32
Chi/DF=.839 P=.725
GFI=.964 AGFI=.939
RMSEA=.000

图 5-3　大学内部治理结构的验证模型

　　模型修正后,重新对大学内部治理结构模型的信度和效度进行检验。常用的信度、效度检验有:构思效度(Construct Validity)、构建信度(Composite Reliability)、聚合效度(Convergent Validity)、区分效度(Discriminant Validity)。

　　从表 5-8 可见,各测量指标的标准化因素负荷值最小值为 0.650(XZ1项),大于 0.63,达到非常好的标准,表明测量指标具有较好的构思效度;三个因素的 CR 值分别为 0.814、0.910、0.893,大于 0.6 的标准,表明量表可靠性、稳定性高,具有较高的构建信度;三个因素的 AVE 值分别为 0.596、0.771、0.678,大于 0.5 的标准,表明测量量表具有良好的操作型定义化,聚合效度高。

表 5-8 大学内部治理结构的信度与收敛效度分析

因素	测量指标	非标准化因素负荷	标准误	T 值	P	标准化因素负荷	SMC	CR	AVE
行政权力	XZ1	0.796	0.113	7.040	***	0.650	0.423		
	XZ3	0.830	0.106	7.869	***	0.844	0.712	0.814	0.596
	XZ4	1				0.808	0.653		
学术权力	XS2	0.985	0.077	12.766	***	0.829	0.687		
	XS4	1.008	0.071	14.137	***	0.884	0.781	0.910	0.771
	XS5	1				0.92	0.846		
院系权力	YX1	1.021	0.117	8.753	***	0.789	0.623		
	YX2	1.171	0.118	9.891	***	0.902	0.814		
	YX3	1.049	0.109	9.596	***	0.867	0.752	0.893	0.678
	YX4	1				0.724	0.524		

区分效度的检验方法采用平均变异萃取量比较法,即比较不同因素 AVE 值的平方根与不同因素之间的相关系数,如果前者大于后者,说明具有良好的区分效度。从表 5-9 可见,对角线为各因素 AVE 的平方根,大于所在行列的两个因素的相关系数,表明该测量模型具有了良好的区分效度。

表 5-9 大学内部治理结构的区分效度分析

维 度	行政权力	学术权力	院系权力
行政权力	0.772		
学术权力	0.142	0.878	
院系权力	0.248	0.422	0.823

(三)大学内部治理结构模式差异性研究

根据上文验证的大学内部治理结构的模型,运用 SPSS20.0 软件,对不同办学层次和办学规模的大学内部治理结构的差异性进行比较分析。在研究中,大学内部治理结构三个因素的取值分别用各因素所对应测量指标的总和的平均值。本研究中的 132 个有效样本,是按照大学内部治理结构数据指标来确定的,因此在 132 个样本中仍然存在办学层次和办学规模数据空缺的问题,在接下来的研究中这些变量数据空缺的样本将予以剔除。

办学层次这个变量在测量量表中,共分为四类:"985"高校、"211"高校、省属重点大学、其他本科高校。在 132 个样本中,办学层次数据空缺样本有 4个,有效样本共有 128 个。为了更好地体现差异程度,把办学层次整合成高、低两组。第一组为办学层次高的大学,包括"985"高校和"211"高校,共有 50个样本;第二组为办学层次较低的大学,包括省属重点大学和其他本科高校,共有 78 个样本。

表 5-10 为高低两组不同办学层次的大学内部治理结构的描述性统计结果。从表中可见,办学层次高的大学比办学层次低的大学在行政权力、学术权力、院系权力三个因素上的得分都更高。

表 5-10　不同办学层次大学内部治理结构的各维度描述性统计分析

	办学层次	N	均　　值	标准差	均值的标准误
行政权力	高	50	13.2200	1.83764	0.25988
	低	78	12.7051	2.08892	0.23652
学术权力	高	50	10.0900	2.41739	0.34187
	低	78	9.7821	2.89153	0.32740
院系权力	高	50	14.2900	3.45539	0.48867
	低	78	13.2692	4.13858	0.46860

表 5-11 为高低两组不同办学层次的大学内部治理结构的独立样本 t 检验结果。从表中可见,p 值都达不到显著水平,0 也包含在差分的 95% 置信区间内。结果表明,办学层次高低两组的大学内部治理结构差异不具有统计学意义,假设 H2 没有获得支持。

表 5-11　不同办学层次大学内部治理结构的各维度独立样本检验

		方差方程的 Levene 检验		均值方程的 t 检验						
		F	Sig.	t	df	Sig.(双侧)	均值差值	标准误差值	差分的95%置信区间下限	置信区间上限
行政权力	假设方差相等	0.985	0.323	1.425	126	0.157	0.51487	0.36142	−0.20036	1.23010
	假设方差不相等			1.465	114.014	0.146	0.51487	0.35140	−0.18125	1.21099

续表

		方差方程的 Levene 检验		均值方程的 t 检验						
		F	Sig.	t	df	Sig.（双侧）	均值差值	标准误差值	差分的95%置信区间 下限	上限
学术权力	假设方差相等	3.475	0.065	0.626	126	0.533	0.30795	0.49222	−0.66615	1.28204
	假设方差不相等			0.651	117.306	0.517	0.30795	0.47336	−0.62949	1.24538
院系权力	假设方差相等	2.214	0.139	1.450	126	0.150	1.02077	0.70422	−0.37286	2.41440
	假设方差不相等			1.508	117.386	0.134	1.02077	0.67704	−0.32003	2.36156

办学规模这个变量在测量量表中，直接以填空题形式体现。在 132 个样本中，办学层次数据空缺样本有 11 个，有效样本共有 121 个。为了更好地体现差异程度，把办学规模分为大、小两组。第一组为办学规模小的大学，在校本科生人数（不包括独立学院）低于 1.7 万人，共有 58 个样本；第二组为办学规模大的大学，在校本科生人数（不包括独立学院）达到 1.7 万人及以上，共有 63 个样本。

表 5-12 为大小两组不同办学规模的大学内部治理结构的描述性统计结果。从表中可见，办学规模大的大学比办学规模小的大学在行政权力、学术权力、院系权力三个因素上的得分都更高。

表 5-12　不同办学规模大学内部治理结构的各维度描述性统计分析

	办学规模	N	均　值	标准差	均值的标准误
行政权力	小	58	12.4253	2.02979	0.26652
	大	63	13.4180	1.86071	0.23443
学术权力	小	58	9.4310	2.68761	0.35290
	大	63	10.4524	2.69664	0.33975
院系权力	小	58	12.8362	4.00590	0.52600
	大	63	14.4444	3.73531	0.47060

表 5-13 为大小两组不同办学规模的大学内部治理结构的独立样本 t 检验结果。

表 5-13 不同办学规模大学内部治理结构的各维度独立样本检验

		方差方程的Levene检验		均值方程的t检验						
		F	Sig.	t	df	Sig.（双侧）	均值差值	标准误差值	差分的95%置信区间 下限	置信区间 上限
行政权力	假设方差相等	1.457	0.230	−2.807	119	0.006	−0.99270	0.35367	−1.69301	−0.29240
	假设方差不相等			−2.797	115.666	0.006	−0.99270	0.35495	−1.69575	−0.28965
学术权力	假设方差相等	0.011	0.917	−2.085	119	0.039	−1.02135	0.48993	−1.99146	−0.05123
	假设方差不相等			−2.085	118.242	0.039	−1.02135	0.48986	−1.99139	−0.05131
院系权力	假设方差相等	0.012	0.912	−2.285	119	0.024	−1.60824	0.70374	−3.00172	−0.21476
	假设方差不相等			−2.279	116.279	0.025	−1.60824	0.70579	−3.00612	−0.21036

从表中可见，对于行政权力、学术权力、院系权力三个因素，p值都达到显著水平，0 也不包含在差分的 95% 置信区间内。结果表明，办学规模大的大学比办学规模小的大学具有更高的行政权力、学术权力、院系权力，假设 H3 获得支持。

四、研究结果与讨论

在理论分析的基础上，本书通过实证研究检验了大学内部治理结构的测量模型，并运用该测量模型对不同办学层次和办学规模的大学内部治理结构差异进行分析。

第一，运用验证性因素分析，检验大学内部治理结构包括行政权力、学术权力和院系权力三个因素的假设，开发了基于问卷调查的大学内部治理结构的测量模型，初步解决了大学内部治理结构定量研究的瓶颈问题。研究表明，包含行政权力、学术权力和院系权力三个因素的大学内部治理结构的测量模型，具有较好的拟合效果、较高的构思效度、构建信度、聚合效度、区分效度，研究结果支持了假设 H1。这对于今后定量研究大学内部治理结构，改变当前高等教育界对大学内部治理结构定性研究多、定量研究少的状况具有积极的意义。

第二，对不同办学层次和办学规模的大学内部治理结构差异性进行比较分析。研究结果还表明,不同办学层次的大学,治理结构不存在明显差异,假设 H2 得不到支持;不同规模的大学,治理结构存在明显的差异性,假设 H3 获得支持。对不同办学特征的大学内部治理结构差异性研究,有利于进一步深化对大学内部治理结构的认识,特别是有助于了解大学内部治理结构的影响因素。从研究结果看,随着大学办学规模扩大,需要大学层面具有更强的行政权力、学术权力,以更好地适应和支持大学发展;同时,需要下移管理重心,增加院系办学自主权,调动院系层面办学的主动性、积极性。

第二节　大学内部治理结构对大学创业影响的实证分析

本书的目的就是探索在中国情境下什么样的大学内部治理结构有利于大学创业水平的提升。为此,本书以我国 113 所大学的 132 份问卷为样本,通过调查问卷,运用结构方程模型对大学内部治理结构对大学创业影响进行定量研究。研究结果表明,在大学内部治理结构中,行政权力、学术权力和院系权力对知识创新都具有正向的影响作用;行政权力对大学创业具有正向的影响作用;知识创新在行政权力和大学创业中发挥部分中介作用。

一、理论分析与研究假设

大学内部治理结构包括横向的行政权力与学术权力关系,也包括纵向的学校与院系的权力关系。这些权力结构关系,影响了通过决策控制、组织整合和资源承诺对大学创业产生影响。

大学行政权力是大学发展的必然产物,也是大学发展的重要保障。行政权力主导办学目标定位、资源保障,是提高办学质量和水平的关键。学校高级管理者通过制定政策、调整结构、配置资源、推行决策等活动,促进学校发展稳定。[238]特别是,面对高等教育在生源、研发经费和高层次人才等方面的激烈竞争,大学管理的重要性日益凸显。[243]同时,随着学术研究的规模扩大和科研成本的提高,加强行政支持,有助于促进大学知识创新。只有当大学教师潜心于学术研究时,其创造激情才可能被激发。[244]McCormick 和 Meiners 根据全美大学教授联合会(AAUP)所做的教授参与决策的调查数据进行实证研究,表明教授参与决策的程度越高,大学的业绩表现越差。[122]根据本书对行政权力的定义,这表明,行政权力有利于提升办学业绩。大学创业的实质是知识的商品化,需要大学自身具有较强的创业意愿、机会识别能力、资源整合能力。行政权力本质上来源于国家授权与委托,联系政府、企业和社会较为密切,服务经济社会发展的责任意识和意愿较为强烈。相比学术群体决策的缓慢[245],行政权力的快速反应能力,尤其是对环境变化具有敏锐的反应能力,有利于大学及时识别和把握创业机会。行政权力对大学办学目标、规模、结构、资源等全面掌控,通过整合学科资源,创新办学体制机制,从而提升大学创业。Burton R.Clark,认为高效率的创业型大学,在大学的顶层、中间和底部都要具有很强的行政管理。[239]

基于上述分析,本书提出如下假设:

H1:行政权力对知识创新具有正向促进作用

H2:行政权力对大学创业具有正向促进作用

学术权力是以学术委员会为核心的学术组织和以教授为代表的专任教师群体对学术事务的影响力和控制力。学术活动具有明显的不可预计性和不确定性。因此,学术事务不适合科层化的行政手段来加以管理,学者群体也比公职人员更加难以控制。[194]学术组织和教授群体是各自学科领域的权威,对学术问题最有发言权。知识创新需要较为宽松自由的空间,学术自由成为知识创新的重要保障。因此,由于学术工作和知识创造活动的特殊性,只有学者才知道如何治理学者。[195]正如美国斯坦福大学荣誉校长卡斯帕尔所说的,大学领导要提醒自己记住,最关键的决策——比如课程、教师的聘任、研究项目的选择、学生的挑选——在当前全世界的一流大学中几乎全部是由教师控制的,因为他们拥有各个方面的专业知识。[246]William,Brown 的实证研究表明,教授参与学术事务的管理,有利于大学业绩的提升。[123]虽然有些教师认为大学创业会对传统的教学科研产生负面影响[247],但是沿袭了高度选择性研究型大学内部良好的学术传统,学术自由和相应的学术权力激发了教师的内在动力和知识创新活力,而原创性系统知识则成为技术转移和知识产业化的动力源。[248]

基于上述分析,本书提出如下假设:

H3:学术权力对知识创新具有正向促进作用

H4:学术权力对大学创业具有正向促进作用

院系权力是作为大学二级单位的学院或系对自身事务的影响力和控制力,也是学校管理重心下移程度的体现。院系是大学教学、科研和社会服务的具体承担者,也是大学创业活动的基础。潘懋元教授强调,高等学校是一种以学科、专业为基础的"底部沉重"的学术组织,教育教学、科学研究和为社会服务等职能活动都是由广大教职员工在学校基层组织中进行的,基层的自主权是职能活动健康发展、兴旺发达的重要前提。[249]正如哈佛大学荣誉校长陆登庭教授所说:"我倾向于把相对分权模式的一些特征看作是大学的一个基本优势。"Burton R.Clark,认为每一个系和每一个学院,自身就需要成为一个创业型单位,制定新的计划,参与学校的核心驾驭集体,并积极建立各项关系,更加强有力地扩展到校外,发展第三渠道收入等。[239]可见,在大学创业活动过程中,院系权力对于激活院系的办学活力,调动院系参与创业的积极性和主动性具有重要的作用。

基于上述分析,本书提出如下假设:

H5:院系权力对知识创新具有正向促进作用

H6:院系权力对大学创业具有正向促进作用

大学创业活动的核心是知识的资本化,源自于知识的创新。没有知识的创新,技术创新与科研成果转化就成为无源之水、无本之木。大量的案例表明,创业能力比较强的创业型大学,一般都具有较强的知识创新。Martin Meyer[250]对美国专利与学术论文的互引关系的研究表明,工业专利所引用的论文,大多来自大学学术研究。因此,知识创新是大学创业的基础,高水平知识创新才能促进高水平的大学创业活动。

基于上述分析,本书提出如下假设:

H7:知识创新对大学创业具有正向促进作用

本研究假设的模型,如图 5-4 所示。

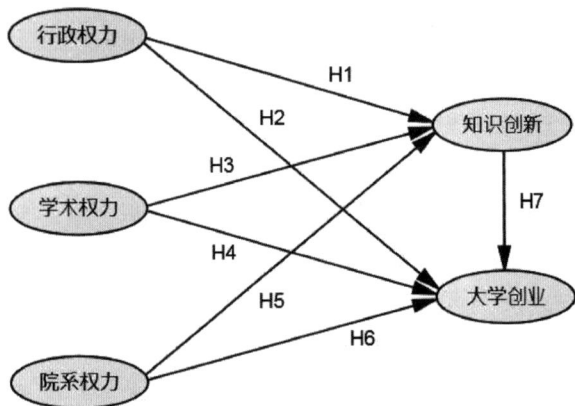

图 5-4　大学内部治理结构对大学创业影响的理论模型

二、研究方法

（一）研究取样和样本特征

本书的研究属于大学层面的研究，研究对象为公办大学。由于大学内部治理结构的相关数据无法从各大学网站等公开的资料中获得，因此，本书考虑采用问卷调查的方式。从严谨科学的问卷调查方法的角度来讲，需要对大学一一进行问卷调查，逐一获得资料。但考虑到代表大学填写问卷的人员，必须对大学治理以及创业能力具有全面的了解，接受问卷调查的人员在填写过程中代表的是本单位，可能由于顾虑信息泄露等各种因素，难以真实地填写治理状况，导致测量误差的增加。

在公司治理研究领域，已经有较好的方法。中山大学管理学院课题组通过向国有企业高管人员以及中山大学管理学院 EMBA 学员和高级经理培训班学员发放进行问卷调查，获得 268 家非上市公司的调查问卷数据，研究了非上市公司的控股股东性质与公司治理结构之间的经验关系。[251]张先治、戴文涛采用调查问卷方法，通过对国内一些内部控制专家、负责内控的企业高管等的调查，研究公司治理结构对内部控制的影响程度。[252]常涛、韩牛牛以参加工商管理硕士学习的企业中高层管理人员为调查对象，以调查问卷的形式进行现场数据收集，网络组织结构及其治理机制对企业创新绩效的影响。[253]借鉴这些研究方法，本书也采取问卷调查的方式来收集数据。

由于本书研究的行政权力、学术权力、院系权力、知识创新、大学创业等概念，现有文献尚未有专门的测量量表，借鉴前人的研究，并在与高等教育管理、管理科学与工程领域的专家反复磋商的基础上，笔者自行设计了一套以李克特五点计分法的测量量表。初始量表形成后，以 48 所高校为样本，进行了预调查，结果表明量表具有较好的信度和效度。根据预调查的反馈，对量表进行了改进和完善。2014 年 11 月至 2015 年 4 月，采取匿名形式对全国高校进行问卷调查。为了提高调查问卷的回收率和有效问卷率，通过现场发放填写、培训班问卷调查、网络问卷作答等方式，来获取更多的样本数据。最终发放问卷 175 份，回收 138 份，回收率 78.9%；有效问卷 132 份，有效问卷率 75.4%。

(二)变量测量

1.大学内部治理结构

大学内部治理结构主要指大学权力在内部主体之间的配置关系,即横向的权力关系和纵向的权力关系。

根据前文自行设计并经过探索性因素分析和验证性因素分析确定的测量题项,行政权力用学校党委和行政对学校中长期发展规划(XZQL1)、学校机构设置与中层干部遴选(XZQL2)、教职工收入分配的影响力来测量(XZQL3);学术权力用学术组织和专任教师群体对教师聘任与职称评聘(XSQL1)、学科专业调整与设置(XSQL2)、教学计划和课程内容与学位要求(XSQL3)的影响力来测量;院系权力用院系对院系内部机构设置与干部遴选(YXQL1)、学院年度财务预算安排(YXQL2)、科研项目管理与平台建设(YXQL3)、教职工收入分配(YXQL4)的影响力来测量。影响力大小是按5点量表计量的,其中:没有影响力—1,很少影响力—2,中等影响力—3,较大影响力—4,很大影响力—5。

2.大学创业

本书主要是从狭义的角度来研究大学创业,认为大学创业就是大学以知识创新为基础,以服务国家和产业发展需求为导向,实现学术资本化、商业化的过程。考察 MIT、斯坦福大学、沃里克大学、斯特拉斯克莱德大学等一批欧美创业型大学,其创业活动主要包括:开展继续教育、开展咨询活动、签订研发合同、知识产权转让和设立学术性公司与创办大学科技园区等。王雁、李晓强用发明公开数、美国专利获准数、美国专利申请数、工业来源的研究经费数等指标研究美国大学的创业能力。[254]

本书用学校横向科研课题经费数(DXCY1)、专利转让收入(DXCY2)、对区域产业发展贡献(DXCY3)来测量大学创业。问卷按5点量表计量的,测量与同类高校平均水平相比的近三年来的情况。其中:很低—1,较低—2,等于—3,较高—4,很高—5。

3.知识创新

知识创新是大学的重要职能,是大学传播知识、培养人才、服务社会的基础,也是大学办学水平的重要体现。知识创新是通过科学研究(包括 R&D 中的基础研究和应用研究)获得新的基础科学知识和技术科学知识的过程,包括发现了新的科学事实和规律,发明了新技术,提出了新方法。[255]在知识经济时代,大学的知识创新已成为国家和区域创新体系的重要组成部分,直接影响到国家的综合竞争力。孟浩、王艳慧用投入与产出两个大的方面的指标研究了研究型大学的知识创新水平。[256]

本书用大学高层次人才数（ZSCX1）、国家级和省部级科研经费数（ZSCX2）、发表高水平论文数（ZSCX3）来测量知识创新。问卷按 5 点量表计量的，测量与同类高校平均水平相比的近三年来的情况。其中：很低—1，较低—2，等于—3，较高—4，很高—5。

（三）结构方程模型

结构方程模型（SEM）流行于上个世纪 80 年代，是基于变量的协方差矩阵来进行统计分析的研究方法。结构方程模型为社会科学研究中的理论假设提供了实证的检验方法，是一种常用的数据分析技巧。在心理学、管理学、经济学、教育学等领域，结构方程都有广泛的运用。

邱皓政、林碧芬认为结构方程具有一些技术特点：一是具有理论先验性。结构方程模型的分析必须建立在理论的基础上，是一种验证性而非探索性的统计方法。这就要求我们，在利用结构方程模型时，从变量的界定、模型的假设、模型的修正等都必须有理论的依据。二是可以同时处理测量与分析问题。结构方程模型不需要将变量测量与变量关系检验作为两个独立的程序分离开了，相反，可以将二者整合起来进行分析，不仅可以在测量中估计误差、信度、效度，也可以分析变量之间的关系。三是以协方差的运用为核心，可以处理平均数估计。围绕变量协方差矩阵的运用，既可以进行变量的描述性分析，也可以进行变量之间的验证性分析。同时，对潜变量平均数的估计，可以分析变量的集中趋势。四是结构方程模型适用于大样本的分析。一般认为，样本数越大越好，当样本数低于 100 时，几乎所有的结构方程模型分析都是不稳定的。五是结构方程模型包含了许多不同的统计技术。六是结构方程模型重视多重统计指标的运用。[242]

结构方程模型的分析步骤主要有四大步骤：一是模型建构。指定测量指标与变量的关系以及变量之间的关系。二是模型拟合。实际上，这个过程就是模型参数的估计，也就是如何求出模型的解的过程。一般采用最小二乘法来拟合模型。三是模型评价。主要包括评价迭代估计是否收敛，模型的解与模型假设的关系是否合理以及检视多个不同类型的模型参数，评价模型的整体拟合程度。四是模型修正。根据相关假设，对变量关系路径和模型参数进行调整。[257]

本书运用结构方程模型来验证大学内部治理结构与大学创业能力关系的

假设。采用的分析软件是 AMOS6.0 软件包和 SPSS20.0 软件。

三、实证检验

(一)描述性统计分析

1.样本大学的分布

在 132 份有效问卷调查中的高校有 113 所,其中:"985"高校 17 所,占 15％;"211"工程高校 25 所,占 22.1％;省重点建设高校 38 所,占 33.6％;其他高校 33 所,占 29.2％。样本大学的办学层次分布如图 5-5 所示。

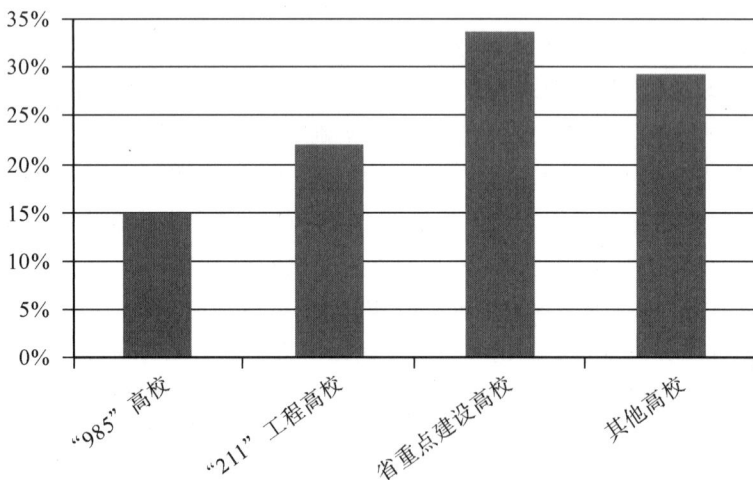

图 5-5　样本大学的办学层次分布

2.变量的描述性统计分析

行政权力、学术权力、院系权力、知识创新和大学创业的描述性统计如表 5-14 所示。

表 5-14　变量描述统计量

	N	极小值	极大值	均值		标准差	方差
	统计量	统计量	统计量	统计量	标准误	统计量	统计量
XZQL1	132	1.0	5.0	4.258	0.0734	0.8437	0.712
XZQL2	132	1.7	5.0	4.462	0.0590	0.6776	0.459

续表

	N	极小值	极大值	均值		标准差	方差
	统计量	统计量	统计量	统计量	标准误	统计量	统计量
XZQL3	132	2.0	5.0	4.152	0.0741	0.8514	0.725
XSQL1	132	1.0	5.0	3.379	0.0885	1.0173	1.035
XSQL2	132	1.0	5.0	3.152	0.0850	0.9767	0.954
XSQL3	132	1.0	5.0	3.367	0.0810	0.9305	0.866
YXQL1	132	1.0	5.0	3.481	0.0971	1.1162	1.246
YXQL2	132	1.0	5.0	3.439	0.0975	1.1206	1.256
YXQL3	132	1.0	5.0	3.447	0.0908	1.0434	1.089
YXQL4	132	1.0	5.0	3.273	0.1038	1.1922	1.421
ZSCX1	132	1.0	5.0	3.023	0.0922	1.0591	1.122
ZSCX2	132	1.0	5.0	3.318	0.0876	1.0062	1.012
ZSCX3	132	1.0	5.0	3.333	0.0817	0.9383	0.880
DXCY1	132	1.0	5.0	3.121	0.0887	1.0191	1.039
DXCY2	132	1.0	5.0	2.432	0.0920	1.0571	1.117
DXCY3	132	1.0	5.0	3.303	0.0899	1.0333	1.068
有效的 N	132						

在描述性统计的基础上,为了保证问卷数据收集的可靠准确,需要对样本数据进行信度和效度的检验。效度就是你确实在测量你想测量的概念。[258]信度指的是问卷测量的可靠性、稳定性。在问卷量表测量中,一般运用内部一致性信度系数,即 α 系数来判断问卷测量是否稳定可靠。一般认为 α 值应大于 0.7。从表 5-15 可见,5 个变量中的 α 最低值为 0.799,大于 0.7,说明测量量表具有较高的可靠性。

效度检验一般包括内容效度检验和内部结构效度检验,前者可以采用逻辑分析等方法,后者可以运用因子分析来进行。采用探索性因子分析,检验各因子的聚合效度。在因子分析时,先进行 KMO 和 Bartlett 球形检验。一般认为,KMO 的值至少应在 0.6 以上,Bartlett 的显著性小于 0.05,可以进行因子分析。从表 5-15 可见,5 个变量中的 KMO 最低值为 0.691 大于 0.6,表明适合作因子分析。每个因子所解释的方差百分比均大于 70%,说明具有较好的聚合度。本书运用 SPSS20.0 软件对变量进行信度和效度检验。

表 5-15　变量信度与效度

变　量	KMO	Bartlett(Sig.)	解释方差百分比(%)	α 值
行政权力	0.691	0.000	71.842	0.799
学术权力	0.749	0.000	84.632	0.908
院系权力	0.826	0.000	75.407	0.889
知识创新	0.755	0.000	84.469	0.907
大学创业	0.706	0.000	73.419	0.819

(二)模型验证分析

本书运用 AMOS6.0 软件对大学内部治理结构与大学创业的假设模型进行验证。首先,以图 5-5 的理论模型作为初始模型进行分析,结果表明模型拟合较好。Chi-square＝80.890,DF＝94,Chi/DF＝0.861,P＝0.830,GFI＝0.935,AGFI＝0.906,RMSEA＝0.000,各项指标均达到要求。根据检验结果,学术权力与院系权力对大学创业的正向影响均不支持(P 值分别为 0.506 和 0.564),而学术权力对知识创新的正向影响也不支持,但接近于支持的水平(P 值为 0.058)。因此,尽管模型拟合较好,但是仍然对初始模型做进一步的修正。为此,对模型进行调整,删除假设 H5(学术权力正向影响大学创业)和 H6(院系权力正向影响大学创业)两条路径。

模型修正后,Chi-square 有所增加,Chi/DF 值有所减少,GFI、AGFI、RMSEA 值基本不变。这表明,修正模型比初始模型拟合更好。修正模型如图 5-6 所示。

当 P 值小于显著性水平门槛 0.05 时,说明该参数具有统计学意义。通过结构方程模型分析,行政权力、学术权力和院系权力对知识创新都具有正向的影响作用;行政权力对大学创业具有正向的影响作用;知识创新对大学创业具有正向的影响作用。假设 H5(学术权力正向影响大学创业)和 H6(院系权力正向影响大学创业)由于在模型修饰中被删除,因此这两个假设无法验证。但是,根据初始模型的分析结果,对两个假设均不支持。验证结果如表 5-16 所示。

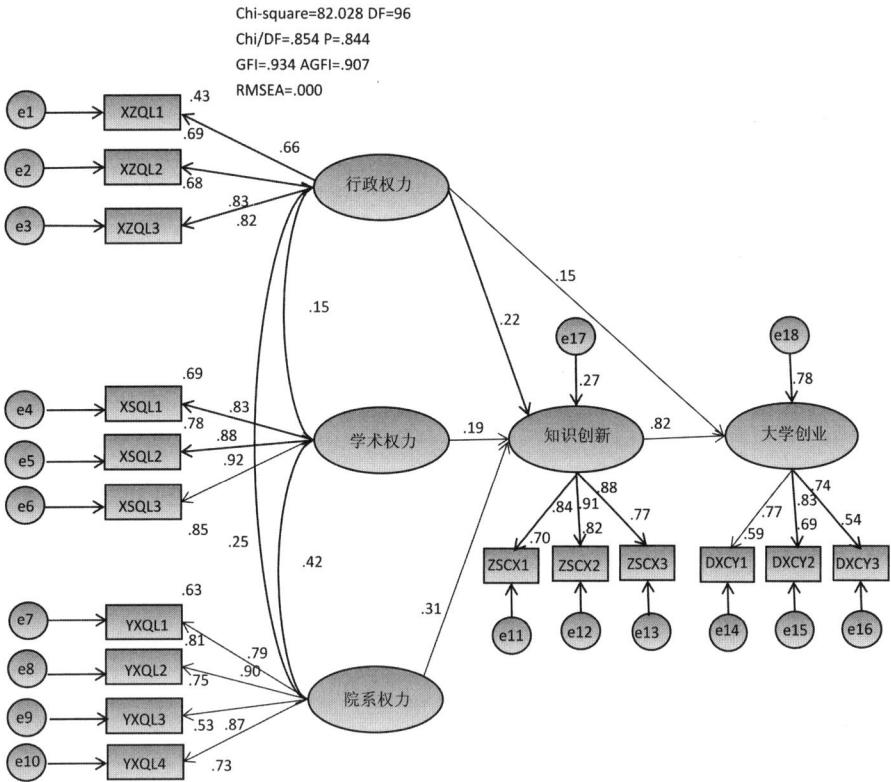

图 5-6　大学内部治理结构对大学创业影响的最终模型

表 5-16　假设验证结果

假设	模型路径	标准化路径系数	C.R.	P	检验结果
H1	知识创新←行政权力	0.225	2.405	0.016	支持
H2	大学创业←行政权力	0.154	2.078	0.038	支持
H3	知识创新←学术权力	0.186	1.977	0.048	支持
H5	知识创新←院系权力	0.307	3.037	0.002	支持
H7	大学创业←知识创新	0.821	8.176	× × ×	支持

　　Baron,R.M.和 Kenny,D.A.[259]提出了判定中介效应的条件。传统的中介效应检验方法主要有因果法、效果法。针对传统方法的缺陷,Andrew F. Hayes[260]建议采用比较准确的信赖区间法。本书利用 AMOS 软件内嵌的 Bootstrap 功能,根据信赖区间法,对知识创新的中介效应进行检验。结果表

明,知识创新在行政权力和大学创业之间发挥部分中介作用。检验结果如表5-17 所示。

表 5-17　知识创新的中介效应验证结果

路　径	效应	点估计值	Bias-Corrected 95%CI		Percentile 95%CI		检验结果
			Lower	Upper	Lower	Upper	
大学创业←行政权力	总效应	0.357	0.163	0.669	0.140	0.631	部分中介
大学创业←行政权力	直接效应	0.160	0.014	0.359	0.006	0.343	存在
大学创业←行政权力	间接效应	0.198	0.030	0.409	0.027	0.406	存在

四、研究结果与讨论

通过对我国 113 所大学的 132 份问卷的实证分析,研究表明大学内部治理结构对大学创业具有直接或间接的影响。

第一,行政权力对知识创新和大学创业都具有正向的影响作用。在本书中,行政权力的操作化定义是党委和行政对行政事务的影响力。通常认为,行政化就是行政主体的权力过度膨胀,过度干预学术事务的表现。因此,从本书对行政权力的界定上看,行政权力大,并不意味着党委和行政对学术事务的干预程度高,也不意味着行政化程度高,而仅仅是意味着教授群体对行政事务的影响程度低。本研究结果表明,党委和行政对行政事务的影响力大,有利于知识创新,也有利于大学创业。这个研究结果与 McCormick 和 Meiners[122] 对美国高校的研究结论是基本一致的,也证实了 Clark 提出的"创业型大学必须要有强有力的行政驾驭核心"的观点。因此,要提升大学创业能力,就必须加强行政权力建设,让行政管好行政的事情,管出质量,管出水平,更好地服务教学科研、服务高校科学发展。

第二,学术权力和院系权力对知识创新具有正向的影响作用。在本书中,学术权力的操作化定义是学术主体和教授群体对学术事务的影响力,因此,学术权力大,就意味着党委和行政对学术事务干预程度小,学术自由程度高,"行政化"倾向程度低。学术权力对知识创新具有正向影响力,就表明尊重学术自由、按学术规律办事,有利于知识创新。这个结论为当前和今后反对和防止高校"行政化"倾向,提供了有力的实证支持。美国高等教育之所以世界一流,很大程度上是得益美国大学的学术自由传统。为此,在优化大学内部治理结构中,要高度重视发挥教授治学的作用,通过顶层设计和制度保障,切实让教授们在学术管理领域充分发挥主导作用。

在本书中,院系权力的操作化定义是院系所拥有办学自主权的大小。院系权力大,就意味着学校管理重心下移,院系具有较大的办学自主权。从本书的研究结果看,管理重心下移,院系自主程度高,有利于知识创新。值得注意的是,院系权力与行政权力相关度低(标准化系数为0.25),而与学术权力相关度高(标准化系数为0.42),这表明涉及学术事务的事项,应尽可能交给院系自主管理。总之,通过让院系具有更多的办学自主权,调动院系办学的积极性、主动性和创造性,对于提升学术水平具有重要作用。

第三,知识创新对大学创业具有显著的正向影响作用,并且在行政权力与大学创业之间发挥部分中介作用。知识创新是大学创业的基础,知识创新水平提升,不仅让大学具有更多的资源和实力为经济社会发展服务,而且也为行政权力提供了整合资源、促进大学创业提升的更大空间和舞台。虽然研究结果没有表明,学术权力和院系权力对大学创业有直接影响,但是由于学术权力和院系权力对知识创新有直接的正向影响,而知识创新对大学创业具有影响作用。因此,从这个意义上讲,没有高水平的办学质量,就不可能有高水平的大学创业。学术权力与院系权力是通过知识创新,对大学创业发挥间接的效应。为此,要提升大学创业能力,归根到底还是要加强内涵建设,努力提高高校的办学质量和水平。

第三节　大学领导班子结构特征对大学创业影响的实证分析

领导班子是根据授权负责领导一个地方(部门、单位),并承担领导责任的团队。有学者认为仅仅完善大学内部治理结构并不能实现大学的有效治理,大学内部的人际关系、中高层行政人员的领导力,对于大学能否实现有效治理至关重要。[261]伯顿·克拉克在《建立创业型大学:组织上转型的途径》认为,强有力的驾驭核心,是建设创业型大学的第一要素。有学者认为,麻省理工学院的高层行政组织具有强有力的驾驭能力,在大学发展的关键时期发挥了正确的引领作用。[248]因此,大学领导班子对于大学创业具有重要的作用。

大学领导班子结构是指大学领导班子的规模、年龄结构、学术背景、职业背景等。已经有学者对大学校长的群体特征做了研究,如蓝劲松对 23 所美国著名高校校长教育背景与工作背景做了分析[262];尚冠军、郭俊等人研究了我国 115 所"211"大学校长的职业背景[263];张光进、王鑫对中美大学校长群体特征进行比较分析。[264]然而,大学领导班子在大学创业中发挥重要作用,与大学领导班子的结构特征是否存在联系,很少受到关注。为此,本书试图以 86 所"211"工程重点建设大学和省属重点大学为样本,对大学领导班子结构特征对大学创业影响进行定量研究,为强化大学领导班子建设提供了理论上的依据和参考。

一、理论分析与研究假设

按照我国高等教育法和中国共产党党内法规的规定,公办高等学校实行党委领导下的校长负责制。大学领导班子由大学党委领导班子和行政领导班子组成,包括大学的党委书记、校长、副书记、党委常委、副校长,是大学内部治理结构的核心和关键。大学领导班子的职责,主要体现为大学党委的领导职责和校长的职权。大学党委是学校的领导核心,决定学校重大问题,监督重大决议执行,支持校长依法独立负责地行使职权。根据中共中央 2010 年印发的《中国共产党普通高等学校基层组织工作条例》第十条的规定,大学党委按照高等教育法规定的党委领导下的校长负责制,发挥领导核心作用,全面领导学校的各项工作。主要职责是:宣传和执行党的路线方针政策,坚持社会主义办学方向,紧紧依靠全校师生办学,为经济社会发展培养合格人才;审议确定学校基本管理制度,讨论决定学校改革发展稳定以及教学、科研、行政管理中的重大事项;加强班子和干部队伍建设,按照干部管理权限,负责有关的干部工作;落实党建工作责任制,加强学校党的自身建设;领导学校思想政治工作、德育工作、群众工作和统一战线工作,促进和谐发展。党委的职责,既是对学校各项工作的领导权,也是对学校意识形态的领导权,直接关系到学校的办学方向和事业发展。校长是学校的法定代表人,根据高等教育法和党内法规规定,在学校党委领导下,贯彻党的教育方针,组织实施学校党委有关决议,全面负责教学、科学研究和其他行政管理工作。主要职权有:拟订和实施学校发展规划、规章制度、年度工作计划、机构设置方案、重大教学科研改革措施和重要办学资源配置方案;组织教学、科研、社会服务、文化传承与创新、对外合作与交流等各项工作;组织拟订和实施学校重大基本建设、经费预算等方案;负责教师队伍建设等。

从党委的职责和校长的职权中可以看出,大学领导班子实际上集中了学校的决策权、执行权和监督权,是大学治理的关键环节。在大学外部治理中,大学领导班子起到承上启下的作用,与上级党委和政府实际上形成委托代理关系,即:受上级委托,向上级负责,全面负责学校工作;在大学内部治理中,大学领导班子处于权力结构的顶层,是学校事业发展的领航员,肩负着团结带领全校师生完成大学各项任务的重任。由于大学领导班子结构特征影响到领导班子的整体能力与素质,这些能力与素质又影响到决策控制、组织整合和资源承诺。因此,对大学创业必然产生影响。

(一)大学领导班子规模与大学创业

决策是领导班子最为核心的职责。在我国,大学党委全委会和常委会按照民主集中制原则对学校重大事项进行决策,并由班子成员分工负责组织实施。不担任党委常委或党委委员的副校长在常委会或全委会上没有表决权,严格意义上来讲并不参与决策。但由他们一般可以列席会议并充分发表意见,对决策具有重要的影响,因此也可以视为参与决策。班子决策属于典型的群体决策。根据管理学理论,群体决策的规模,即群体中参与决策的人数,这会直接影响群体决策过程的规则选择、决策过程和决策结果。[265]在公司治理领域,关于董事会规模对绩效影响的结论并不一致。Lipton,Lorsch 认为,董事会的监督能力会随着董事数量的增加而有所提高,但是在决策中的沟通和协调会更加困难,从而造成决策效率低下,影响公司绩效。[266]Yermack 认为,多元化的大规模公司,会有更大规模的董事会。那么,在大学治理领域,领导班子应该保持什么的规模,更加有利于大学创业的提升呢?大学创业,是知识资本化的过程,必须面向社会经济的需要,适应日益复杂的外部环境。因此,班子规模越小,越能够提高大学的快速反应能力,有利于大学创业。因此,提出如下假设:

H1:大学领导班子规模与大学创业负相关

(二)大学领导班子成员背景与大学创业

领导班子成员是大学最为重要的人力资本。对人力资本的衡量,可以体现在领导班子成员的学术背景、平均年龄等。面对大学创业活动所具有的不确定性、复杂性和相互依赖性等特点,要引领大学实现促进产业发展的使命,必须具有很强的领导能力。这些领导能力与领导班子成员自身的学术背景、职业背景和年龄密切相关。有学者认为,大学校长的教育背景和学术背景对于大学校长的治校理念和办学实践起着关键作用。[267]一般而言,具有博士学位不仅是学术水平的象征,而且也是逻辑思维能力较强、具有较强的严密论证能力的体现。[268]只有高学术水平的领导者才能理解大学的使命、愿景和理念,才可以在大学负责知识创造的同事(教授)中获得权威和合法性,才能带领大学奔向既定的目标。[269]领导班子成员的职业背景,也会对创业能力产生影响。例如,新加坡南洋理工大学是亚太地区创业型大学的典范。学校的各级领导均致力于大学与产业界的联系,并且很多领导都有过在产业界工作的经历。[270]班子成员的年龄也是影响创业能力的一个变量。年长的领导班子成员偏向保守与稳重,不愿意推动具有较强不确定、风险性和复杂性的创业活动。总之,领导班子成员的学术背景、平均年龄等会对班子成员的办学理念、思维模式、工作决策以及其他行为和偏好产生影响,从而影响到大学创业。因此,我们可以假设:

　　H2:领导班子平均年龄与大学创业负相关

　　H3:领导班子教育背景与大学创业正相关

二、研究方法

(一)样本选取与数据来源

　　国家"211工程"重点建设大学是国家建设高水平大学的主力,也是推动国家和区域经济社会发展的发动机。本书以国家"211工程"重点建设大学和部分省属重点建设大学为研究对象,领导班子的数据主要来自2013年10月各大学官方网站公布的数据和资料以及领导班子成员发表的学术期刊论文所附带的作者个人简介。由于各个高校信息公开的力度有所不同,有些信息很难获得。由于大学领导班子年龄背景、教育背景、职业背景的资料相对不易获得,剔除年龄背景、教育背景、职业背景的资料不完整的样本,保留资料完整的样本86个,其中:985高校样本34个,占39.5%;211高校样本39个,占45.3%;省属重点建设大学样本13个,占15.1%。有关大学创业与科研数据资料,来源于教育部科学司主编的《高等学校科技统计资料汇编》。考虑到领导班子结构特征对大学创业影响的滞后性以及年份的波动性,大学创业以及相关科研数据取2013年、2014年。学校类型来源于艾瑞深中国校友会网编制完成的2015中国大学排行榜的学校类型。[271]

(二)变量及其测量

本书的变量主要分为三种类型:被解释变量、解释变量、控制变量。

大学创业是被解释变量。大学创业是对大学创业活动能力的评价。近年来,已有学者对创业型大学和研究型大学的创业能力进行了研究。有学者认为,创业型大学的创业能力是指创业型大学促进国家和地区经济发展与社会进步的能力,从创业文化、创业资源、创业人才培养、知识成果转化 4 个方面,构建了创业型大学创业能力评价指标体系。[272] 本书认为,大学创业指标的选择,既要能够反映大学创业活动的基本属性,又要保证数据的可得性。因此,本书选取了企事业单位委托科技经费作为测量大学创业的指标。为了数据的平稳性,在测量中对这指标取自然对数。

解释变量包括领导班子规模、平均年龄、教育背景等变量。班子规模取大学领导班子成员总人数,包括学校党委书记、校长、副书记、党委常委和副校长的总人数。平均年龄为学校领导班子成员的平均年龄。教育背景为大学领导班子成员中具有博士学位的人数占领导班子成员总数的比例。

控制变量主要包括办学规模、科研总量。办学规模为教学与科研人员数,科研总量为年度获得的纵向科研经费的总数。为了数据的平稳性,在测量中对办学规模和科研总量取自然对数。变量的描述和定义如表 5-18 所示。

表 5-18　变量定义与测量

变量名称	变量代码	变量定义与测量
被解释变量		
大学创业	DXCY	企事业单位委托科技经费的自然对数
解释变量		
班子规模	BZGM	大学领导班子成员总人数
平均年龄	PJNL	大学领导班子成员的平均年龄
教育背景	JYBJ	大学领导班子成员中具有博士学位的人数占领导班子成员总数的比例
控制变量		
办学规模	BXGM	教学与科研人员数的自然对数
科研实力	KYSL	纵向科研经费总量的自然对数

（三）模型构建

参考李维安、王世全对行政权力与学术权力关系研究假设的模型，[127] 本书构造了一组多元线性回归模型，来分析大学领导班子结构特征与大学创业的关系。具体如下：

$$DXCY = \alpha + \beta_1 BXGM + \beta_2 KYSL + \varepsilon \qquad (1)$$
$$DXCY = \alpha + \beta_1 BXGM + \beta_2 KYSL + \beta_3 BZGM + \varepsilon \qquad (2)$$
$$DXCY = \alpha + \beta_1 BXGM + \beta_2 KYSL + \beta_3 BZGM + \beta_4 PJNL + \varepsilon \qquad (3)$$
$$DXCY = \alpha + \beta_1 BXGM + \beta_2 KYSL + \beta_3 BZGM + \beta_4 PJNL + \beta_5 JYBJ + \varepsilon \qquad (4)$$

其中，模型 1 主要分析办学规模、科研实力对大学创业的影响；模型 2 在模型 1 的基础上引入班子规模对大学创业的影响；模型 3 在模型 2 的基础上进一步引入平均年龄对大学创业的影响；模型 4 在模型 3 的基础上最后引入教育背景对大学创业的影响。利用 SPSS20.0 软件进行统计分析，并采用 T 检验来确定其相关显著性。

三、实证检验

（一）描述性统计分析

1.班子规模的描述性分析

通过对领导班子的规模分析，在 86 所高校中，班子规模在 8—14 人之间，均值和中值都接近 11 人。如表 5-19 所示。

表 5-19　大学班子规模描述统计量

	N	极小值	极大值	均值		标准差
	统计量	统计量	统计量	统计量	标准误	统计量
班子规模	86	8	14	10.90	0.148	1.372
有效的 N	86					

班子规模在 11 人的大学的比例最高，达到 27.9%，规模在 10 人的占 25.6%，规模在 12 人的占 19.8%。总体上，班子人数规模向中值 10.90 靠拢，人数分布总体上比较合理。如图 5-7 所示。

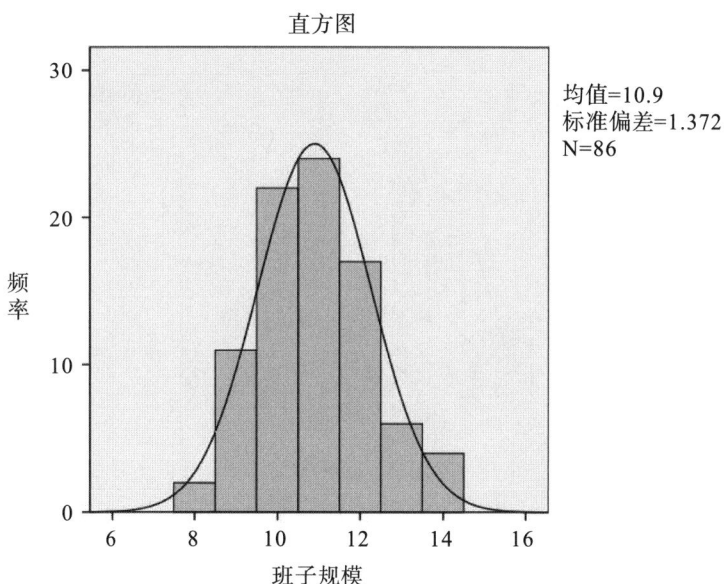

图 5-7　大学领导班子规模的频率

2.平均年龄的描述性分析

通过对 86 个样本的分析,班子成员平均年龄 49—58 周岁之间,均值和中值都接近 53 周岁。如表 5-20 所示。

表 5-20　大学领导班子成员平均年龄描述统计量

	N	极小值	极大值	均值		标准差
	统计量	统计量	统计量	统计量	标准误	统计量
平均年龄	86	49	58	53.36	0.200	1.859
有效的 N(列表状态)	86					

班子平均年龄为 54 周岁的比例最高,占到样本高校总数的 24.4%,经检验分析,领导班子成员平均年龄符合正态分布。如图 5-8 所示。

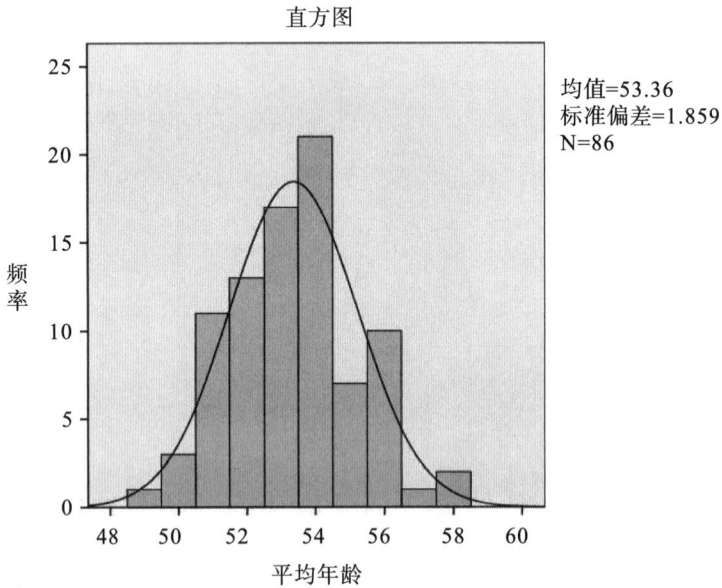

图 5-8　大学领导班子成员平均年龄频率

3.教育背景的描述性分析

通过对 86 个样本的分析,班子成员中具有博士学位的比例在 0.11 和 1 之间,均值和中值都接近 0.65。如表 5-21 所示。

表 5-21　大学领导班子成员教育背景描述统计量

	N	极小值	极大值	均值		标准差
	统计量	统计量	统计量	统计量	标准误	统计量
教育背景	86	0.11	1.00	0.6458	0.01874	0.17375
有效的 N（列表状态）	86					

班子成员中具有博士学位的比例为 0.67 的最高,占到样本高校总数的 9.3%,经检验分析,领导班子成员教育背景基本符合正态分布。如图 5-9 所示。

(二)相关性检验

为了检验多元线性回归模型变量之间是否存在多重共线性,采用 Person 相关性检验对模型中的变量进行分析,如表 5-22 和表 5-23 所示。

直方图

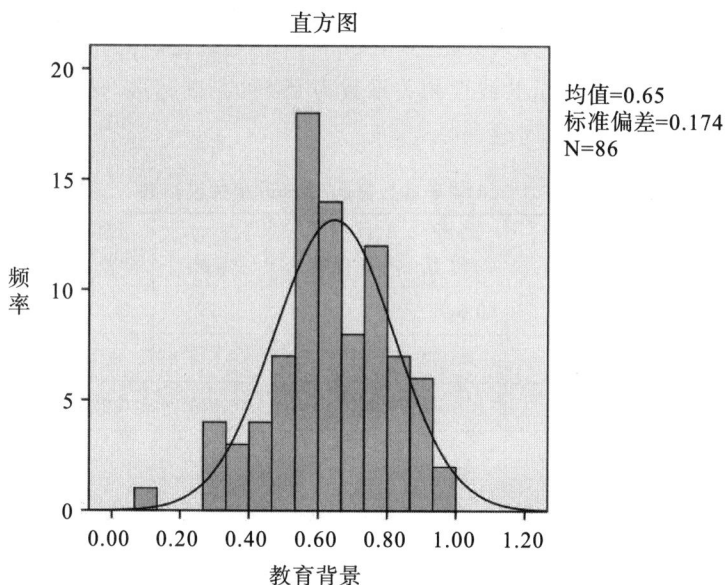

均值=0.65
标准偏差=0.174
N=86

图 5-9　大学领导班子成员教育背景频率

表 5-22　2013 年度数据的 Person 相关系数表

变量		办学规模	科研实力	班子规模	平均年龄	教育背景	2013年横向经费
办学规模	相关系数		0.310**	0.569**	0.272*	0.223*	0.518**
	显著性		0.004	0.000	0.011	0.039	0.000
科研实力	相关系数	0.310**		0.101	0.086	0.094	0.485**
	显著性	0.004		0.354	0.430	0.388	0.000
班子规模	相关系数	0.569**	0.101		0.153	0.044	0.135
	显著性	0.000	0.354		0.159	0.689	0.216
平均年龄	相关系数	0.272	0.086	0.153		−0.387**	0.095
	显著性	0.011	0.430	0.159		0.000	0.385
教育背景	相关系数	0.223*	0.094	0.044	−0.387**		0.171
	显著性	0.039	0.388	0.689	0.000		0.116
大学创业	相关系数	0.518**	0.485**	0.135	0.095	0.171	
	显著性	0.000	0.000	0.216	0.385	0.116	

在 2013 年度和 2014 年度中,Person 的相关系数最大的为 2014 年度的办学规模与科研实力的相关系数,达到 0.665,其他变量之间的相关系数都低于 0.665 的水平。根据多重共线性相关系数为 0.8 的判断标准,该模型中的变量之间不存在多重共线性问题。

表 5-23 　 2014 年度数据的 Person 相关系数表

变量		办学规模	科研实力	班子规模	平均年龄	教育背景	2013 年横向经费
办学规模	相关系数		0.665**	0.569**	0.272*	0.223*	0.486**
	显著性		0.000	0.000	0.011	0.039	0.000
科研实力	相关系数	0.665**		0.451**	0.087	0.259*	0.600*
	显著性	0.000		0.000	0.427	0.016	0.000
班子规模	相关系数	0.569**	0.451**		0.153	0.044	0.140
	显著性	0.000	0.000		0.159	0.689	0.197
平均年龄	相关系数	0.272*	0.087	0.153		−0.387**	0.069
	显著性	0.011	0.427	0.159		0.000	0.528
教育背景	相关系数	0.223*	0.259*	0.044	−0.387**		0.177
	显著性	0.039	0.016	0.689	0.000		0.103
大学创业	相关系数	0.486**	0.600**	0.140	0.069	0.177	
	显著性	0.000	0.000	0.197	0.528	0.103	

(三)多元回归分析

根据模型 1—模型 4,应用 spass20.0 进行多元线性回归分析。表 5-24 为 2013 年度,大学领导班子结构特征对大学创业影响的分析结果。

模型 1,仅考虑了办学规模和科研实力这两个控制变量对大学创业的影响。回归结果表明,办学规模、科研实力与大学创业显著正相关,说明办学规模和科研实力对大学创业具有促进作用;统计量 F 值为 26.000,并在 0.01 的水平上显著,调整 R^2 为 0.370,说明模型 1 整体有效。

模型 2,在模型 1 的基础上考虑了班子规模对大学创业的影响。回归结果表明,办学规模、科研实力与大学创业显著正相关,班子规模与大学创业在 0.1 的水平上显著负相关,影响系数为 0.199,说明班子规模对大学创业具有负向影响作用;统计量 F 值为 19.121,并在 0.01 的水平上显著,调整 R^2 为

0.390,说明模型 2 整体有效。

表 5-24　大学领导班子结构特征对大学创业影响的回归模型(2013 年度)

变量	模型 1	模型 2	模型 3	模型 4
常量				
	(−0.462)	(−0.054)	(0.445)	(0.348)
办学规模	0.407***	0.525***	0.539***	0.535***
	(4.497)	(4.851)	(4.841)	(4.469)
科研实力	0.359***	0.342***	0.343***	0.342***
	(3.965)	(3.825)	(3.811)	(3.784)
班子规模		−0.199*	−0.199**	−0.197**
		(−1.919)	(−1.912)	(−1.876)
平均年龄			−0.051	−0.046
			(−0.576)	(−0.451)
教育背景				0.011
				(0.105)
F	26.000***	19.121***	14.307***	11.308***
调整 R^2	0.370	0.390	0.385	0.377

*** 在 0.01 水平上显著相关,** 在 0.05 水平上显著相关,* 在 0.1 水平上显著相关。

模型 3 和模型 4,在模型 2 的基础上分别,进一步引入平均年龄和教育背景,回归结果表明平均年龄和教育背景。对大学创业的影响不显著,模型 4 和模型 5 的调整 R^2 都低于模型 3。

表 5-25 为 2014 年度,大学领导班子结构特征对大学创业影响的分析结果。

模型 1,仅考虑了办学规模和科研实力这两个控制变量对大学创业的影响。回归结果表明,办学规模、科研实力与大学创业显著正相关,说明办学规模和科研实力对大学创业具有促进作用;统计量 F 值为 24.738,并在 0.01 的水平上显著,调整 R^2 为 0.358,说明模型 1 整体有效。

表 5-25　大学领导班子结构特征对大学创业影响的回归模型(2014 年度)

变量	模型 1	模型 2	模型 3	模型 4
常量				
	(0.717)	(0.985)	(0.584)	(0.632)
办学规模	0.157	0.281**	0.287**	0.295**
	(1.346)	(0.281)	(2.233)	(2.211)
科研实力	0.496***	0.530***	0.527***	0.531***
	(4.264)	(4.665)	(4.574)	(4.545)
班子规模		−0.258**	−0.258**	−0.262**
		(−2.505)	(−2.488)	(−2.485)
平均年龄			−0.015**	−0.027
			(−0.170)	(−0.267)
教育背景				−0.025
				(−0.250)
F	24.738***	19.632***	14.557***	12.004***
调整 R^2	0.358	0.397	0.389	0.382

在模型 1 的基础上,模型 2 考虑了班子规模对大学创业的影响。回归结果表明,办学规模、科研实力与大学创业显著正相关,班子规模与大学创业在 0.05 的水平上显著负相关,影响系数为 0.199,说明班子规模对大学创业具有负向影响作用;统计量 F 值为 19.632,并在 0.01 的水平上显著,调整 R^2 为 0.397,说明模型 2 整体有效。

模型 3 和模型 4,在模型 2 的基础上进一步引入平均年龄和教育背景,回归结果表明平均年龄和教育背景。对大学创业的影响不显著,模型 3 和模型 4 的调整 R^2 都低于模型 2。

四、研究结果与讨论

通过对全国 86 所高校的多元线性回归分析,研究表明大学领导班子结构特征对大学创业具有显著的影响。

第一,班子规模对大学创业具有负向的影响作用。在对 2013 年度和

2014年度数据的回归分析,都表明领导班子规模对大学创业具有负向的影响,假设1得到证实。这说明,一方面班子规模小,有利于快速决策,以增强对社会的应变能力;另一方面,班子规模小,实际上意味着领导班子的权力更为集中,便于协调整合力量推动大学创业。

第二,平均年龄和教育背景对大学创业的影响在统计学上不显著。在对2013年度和2014年度数据的回归分析,平均年龄和教育背景对大学创业的影响都不具有统计学意义上的显著性。

第六章

大学外部治理对大学创业
影响的实证研究

本章运用案例实证研究的方法,通过对斯坦福大学和沃里克大学的双案例研究,从组织整合、资源承诺和决策控制的维度,实证检验了大学外部治理对大学创业的影响作用。最后,根据案例研究的结论,提出了该案例研究对我国大学创业的启示。

第一节　理论分析框架

政府与社会是大学的重要利益相关者。大学的外部治理主要是政府对大学的政治干预和社会对大学的决策参与。根据前文的分析,基于组织控制理论视角的大学治理,是支持大学创业的制度系统。政治干预与社会参与对大学创业起到一定的促进作用。

政府对大学干预是政治干预的集中体现,也是大学外部治理的主要方面。这种干预主要基于高等教育在经济社会发展中的极端重要性,大学的人才培养、科学研究和社会服务无不关系到国家的发展与稳定,因此,政治干预具有合法性与正当性。大学的知识创新具有自身的特殊性,需要宽松的学术氛围。过度的政治干预对大学自治与学术自由必然会产生一定的影响,不利于大学的学术探究,影响大学的知识创新。但是,政治干预本身也包括了政府对大学承担的责任,政府为大学提供了经费支持,特别是政府在基础研究方面的投入,为知识创新提供了重要的经费保障。因此,政府的支持是大学得以生存和发展的重要保障。政府对大学的政治干预,往往体现为对大学发展方向的干预,这对于进一步密切大学与经济社会的关系,具有重要的意义。政治干预的决策导向、政策激励和财政支持,对于大学创业具有重要的推动和促进作用。

　　大学的发展离不开社会的支持和参与,社会参与也是大学外部治理的重要方面。社会需求是知识创新的重要动力。社会一旦有技术上的需要,则这种需要就比十所大学更能把科学推向前进。[273] 社会参与大学治理,实际上就是为知识生产提供社会需求的导向作用,因此,有利于大学自身调整学科发展方向,促进知识创新。大学创业本身就是大学发挥自身优势回应社会需求。通过社会参与大学的决策,构建大学与社会的桥梁纽带,可以促进大学在学术追求与社会责任之间保持适当的均衡,推动大学创业。社会的经费支持,是大学经费多样化的重要渠道,也是大学创业的重要经费支持。大学通过与企业共建研发平台、共同开展科研合作、为企业提供技术咨询以及出售专利和专有技术等方式,从企业获得经费支持,为大学创业提供经费保障。

　　政治干预与社会参与对大学内部治理结构具有影响,从而影响到大学的知识创新与大学创业。大学内部治理结构,是政治干预的结果。政府通过制定和颁布法律规定,对大学内部治理结构进行安排。社会参与大学的决策,也会影响到大学内部治理结构,特别是大学董事会的组成。因此,政治干预和社会参与在直接影响大学知识创新和大学创业的同时,还通过影响大学内部治理结构,对大学知识创新和大学创业产生影响。

　　根据上述的理论框架分析,同时考虑到案例分析的模型不宜过于复杂,本书暂不考虑知识创新这个变量的影响,提出三个有待案例实证检验的假设:第一,政治干预对大学创业的具有直接正向影响;第二,社会参与对大学创业的具有直接正向影响;第三,政治干预与社会参与对大学内部治理结构产生影响,从而间接影响到大学创业。影响机理模型如图 6-1 所示。

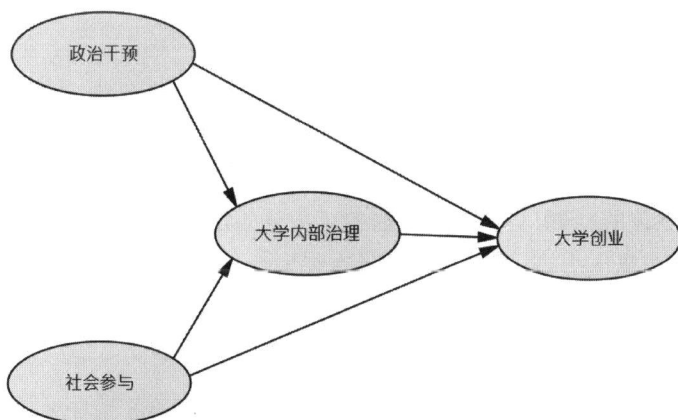

图 6-1　大学外部治理对大学创业影响的理论模型

第二节　研究方法

一、案例研究的实证功能

关于案例研究的定义,Platt,认为案例研究是一种必须考虑情境与研究问题契合性的研究设计逻辑方法。[274] Yin 认为案例研究是一种实证研究,案例研究的定义的核心精神在于它的研究范围:一是在不脱离现实生活环境的情况下研究当前正在进行的现象;二是待研究的显现与其所处的环境背景之间的界限并不十分明显。[275]

案例研究是一种非常重要的研究方法,日益受到研究者们的高度重视。徐淑英、蔡洪滨主编的《〈美国管理学会学报〉最佳论文集萃(第二辑)》包括了美国管理学会 2005 年至 2009 年的 6 篇最佳论文。值得注意的是,这 6 篇最佳论文中,有 5 篇是采用了案例研究方法:《创新传播的障碍:专业人士的中介角色》、《分解组织惰性的结构:资源守旧与程序两套》、《在成熟型行业的制度企业家:以五大会计师事务所为例》、《见微知著论论变革》和《卖方当心:创业型公司收购中的信任不对称》。[276]

案例研究具有实证的功能。学术界往往对案例分析存在一定的误解,认为案例研究只能用于探索性研究,无法用于实证研究。[277] 实际上,案例研究不仅可以用于探索性研究,也可以用于验证性研究。美国管理学会 2006 度的最佳论文《在成熟型行业的制度企业家:以五大会计师事务所为例》,通过案例研究确定四种机制,并检验了四种机制对精英的制度企业家的影响作用。这篇美国管理学报最佳论文生动地体现了案例研究的实证功能。在陈晓萍、徐淑英等人主编的《组织与管理研究的实证方法(第二版)》一书中,台湾大学的郑伯埙、黄敏萍认为,案例研究不仅具有探索性功能,还有描述性和解释性功能,并列举了 Yan 和 Gray 的研究、Ross 和 Staw 的研究,说明案例研究也可以用于构建理论和检验假设。这充分说明,案例研究不仅仅是探索性的,也可以是实证性的。[278]

二、案例研究的思路设计

Yin 认为案例研究的研究设计要素主要有 5 个：一是要研究的问题；二是理论假设（如果有的话）；三是分析单位；四是连接资料与假设的逻辑；五是解释研究结果的标准。[275]

按照 Yin 的看法，案例研究主要可以分为四种类型：整体性单案例研究设计、嵌入性单案例研究设计、整体性多案例研究设计和嵌入性多案例研究设计。他认为，只要条件允许，应该尽可能选用多案例研究，因为多案例研究与单案例研究相比，能够进行复制操作，因此，更有说服力。对于多案例的研究过程，Yin 提供了基于复制法则的研究过程，如图 6-2 所示。[275]

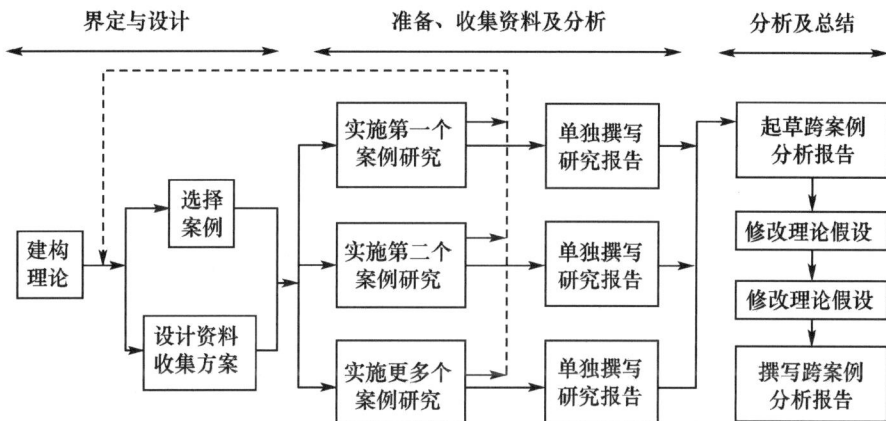

图 6-2 案例研究方法（资料来源：Robert K.Yin）

根据 Yin 的案例研究方法，本书的研究思路如下：

第一，进行理论构建。理论构建主要是依据第四章研究的大学治理对大学创业影响的机理模型，进一步提出大学外部治理影响大学创业的理论假设。

第二，确定个案的选择与研究类型。本书采用多案例研究方法，并以美国斯坦福大学和英国沃里克大学为例，来分析政治干预与社会参与是如何影响这两所大学的创业行为。

第三，资料收集。围绕理论构建所确定的研究方向，收集相关的资料。

第四，案例检验。对斯坦福大学、沃里克大学分别进行研究，逐一对原理论假设进行检验。对每一所大学的分析，都是完整的、独立的分析，如果每一个案例分析结果都说明原理论假设成立，则解释为什么成立；如果原理论假设在一所大学成立,而在另一所大学不成立,则通过对比分析解释造成差异性的原因。

第五,修改理论。根据案例分析结果,对原理论假设进行修改。

三、案例研究的样本选择

Yin 认为,多案例研究遵循的是与多元实验类似的复制法则,而不是抽样法则。在案例研究中,采用抽样法则是完全错误的,将导致许多重要的问题无法实证调查。在 Yin 看来,每个案例的选择都必须经过精挑细选:能够产生相同的复制效果,或者能够可预知的产生不同的结果,即:差别复制。[275]

遵循 Yin 的方法,本书选择了美国的斯坦福大学、英国的沃里克大学这两所大学作为案例研究的对象,来分析大学外部治理对大学创业的影响。选择这三所大学的主要依据是:第一,斯坦福大学与沃里克大学都是世界上公认的创业型大学,具有较强的大学创业能力,是研究大学创业的典型案例,有助于复制研究;第二,美国大学治理结构与英国大学治理结构存在差异性,斯坦福大学与沃里克大学的大学创业活动也有所不同,这有助于我们进行差别复制研究;第三,学界对斯坦福大学与沃里克大学进行了大量的研究,具有丰富的素材,有助于资料的收集整理。

Yin 认为案例研究的证据来源主要有六种:文件、档案记录、访谈、直接观察、参与性观察和实物证据等。Yin 也强调,这六种证据来源都可以作为某些研究唯一的、全部的基础。他特别举例说,"有些研究完全依赖于参与性观察,而不依赖于任何一份文件;类似地,大量研究依赖于档案记录,却不做任何访谈。"[275]我国学者吕力也持类似的看法。他认为,"即使是案例研究,一般的研究者很难有机会进行当面的访谈,更不用说冗长的调查问卷或者持续的跟踪研究,因此,传记和回忆录是极为重要的,甚至是唯一的研究资料。事实上,很多案例研究就是全部或部分采用新闻报道,传记和回忆录等资料,只是上述案例的研究并没有对此明确说明。"[279]本书主要通过有关学术文献、新闻报道、这两所大学的官方网站等途径来收集资料。

四、案例研究的效度与信度

实证研究需要效度与信度的检验,实证性的案例研究也不例外。对效度效度、内在效度、外在效度和信度,Yin 提供了适用于四种检验的研究策略,如表 6-1 所示。

表 6-1　适用于四种检验的各种研究策略

检　验	案例研究策略	
建构效度	采用多元的证据来源 要求证据的主要提供者对案例研究报告草案进行检查、核实	资料收集 撰写分析报告
内在效度	进行模式匹配	证据分析
外在效度	用理论指导单案例研究 通过重复、复制的方法进行多案例研究	研究设计 研究设计
信　度	采用案例研究草案	资料收集

资料来源：Robert K.Yin

　　根据 Yin 的效度与信度检验的评定标准,本书采取了以下措施来保障效度和效度。构建效度是指研究的构念能够形成可操作化的测量指标体系,本书通过多种证据来源、形成证据链来保障构建效度;内在效度主要是指证明 A 引起 B 的因果关系,本书通过证据分析的模式匹配来分析大学外部治理对大学创业的影响;外在效度主要是指案例研究是否具有推广价值,本书通过多案例的复制研究与差别复制研究来解决;信度主要是指研究的可靠性和可重复性,本书主要通过案例研究草案来确保研究信度。

第三节　案例实证检验

一、斯坦福大学的案例分析

(一)斯坦福大学的创业之路

　　斯坦福大学,全称为小利兰德·斯坦福大学,坐落于加利福尼亚州的斯坦福市,是美国铁路大亨利兰德·斯坦福夫妇于 1891 年为了纪念其儿子小利兰德·斯坦福而创办的私立大学。斯坦福大学是大学创业的先驱者,通过大学创业,斯坦福大学扭转了办学经费紧张的局面,实现大学快速发展,成为世界顶尖大学。在建校仅仅一百多年的时间,斯坦福大学就发展成为享誉全球的世界一流大学。在 2014 年,上海交通大学世界一流大学研究中心发布的世界大学学术排名(ARWU)中,斯坦福大学名列全球第一。在 2014 年国际教育研究机构 Quacquarelli Symonds 发布的 QS 世界大学排名中,斯坦福大学排名全球第七。

斯坦福大学的创业活动,始于 20 世纪 30 年代。当时,面对美国经济大萧条给私立大学带来的办学资金的巨大压力和挑战,斯坦福大学的决策层和管理者把企业家精神融入大学管理之中,积极推动争取企业和联邦的研究资助,促进了大学—企业—政府的三赢关系,被克拉克誉为"在 20 世纪后半期,有资格担当全世界首要的创业型大学"。[280]斯坦福大学的创业活动主要在几个方面展开:第一,积极争取企业的研发资助。设立斯坦福研究所,吸引企业资助应用研究课题。1953 年,实施"荣誉合作计划",支持企业选派雇员到斯坦福大学在职进修,攻读硕士学位。实施"企业附属计划",向电子类企业提供在研项目的技术前沿信息,并以此获得企业的资金回报。第二,积极争取联邦政府的研究资助。二战期间,斯坦福大学改变了长期以来对联邦政府的研究资助的态度,不仅接受,而且采取了措施,积极争取联邦政府的研究资助,获取了巨额的合同间接费,为大学发展提供了财政支持。第三,创建斯坦福工业园。把斯坦福大学的大片土地出租给愿意获得斯坦福大学技术帮助的企业,促进了入园企业与斯坦福大学的持久联系。到了 20 世纪 70 年代,斯坦福大学工业园吸引和培育了一大批高科技企业,成为举世闻名的硅谷。谷歌、雅虎等全球性大型公司就是从硅谷发展壮大,走向全世界。第四,支持斯坦福大学师生和校友创办企业。通过减免学校工作量、提供经费支持等措施,鼓励支持学校研发人员创办学科性公司,促进新技术快速转移到企业,成为经济社会发展的重要力量。例如,惠普公司的前生,实际上就是被称为"硅谷之父"特曼教授在 1939 年大力支持他的两位学生利用他们研发的阻尼调节振荡器而创办的公司。第五,专利技术许可。1980 年,《贝杜法案》通过后,设立技术转移办公室,从技术转让中获得丰厚的回报,促进办学资金来源的多样化。

(二)政治干预对斯坦福大学的大学创业的直接影响

政治干预是美国大学外部治理的主要组成部分。从总体上讲,美国是高等教育高度分权化的国家,根据美国宪法规定,高等教育的管理权属于州政府,联邦政府无权对高等教育事务进行干预。州政府虽然具有高等教育管理权,但是对于公立大学与私立大学又有所不同。公立大学属于州政府出资设立,其最高权力机构是董事会,实际上是由州政府掌控的。私立大学的董事会,则按照章程规定进行自主管理,州政府无权对大学事务进行直接控制。

斯坦福大学属于私立大学,联邦政府和州政府对其内部事务一般不进行直接干预。但是在斯坦福大学的创业过程中,联邦政府的政治干预通过资源承诺和组织整合,对斯坦福大学的创业活动发挥着至关重要的直接影响作用。从历史演化的视角看,政治干预对斯坦福大学创业活动的直接影响作用,可以分为两个阶段:

第一阶段,是以资源承诺影响为主的作用机制。这个时间段,起始于20世纪30年代初,一直持续到20世纪70年代末。这阶段,政治干预对斯坦福大学创业的影响,主要是通过资源承诺而起作用的。

早在1916年,美国正式参加第一次世界大战的前一年,美国国家研究委员会就已成立,并按照联邦政府的授权,负责组织和促进有利于国家安全和经济社会发展的科学研究。然而到二战爆发之前,斯坦福大学的教师们对联邦政府的资助一直持着谨慎甚至抵制的态度,他们担心接受联邦政府的资助会导致学科专业的独立性会受到威胁。20世纪30年代,面对通货膨胀和税收法影响到资金来源,斯坦福大学财政陷入困境的情况下,斯坦福大学的第二任校长威尔伯最烦恼的问题却是"有迹象表明联邦政府可能会向私立大学提供支持。"当时,私立大学的管理者和科学家普遍认为,私立大学"因不受政府,私立大学就可以避免了可能试图制定入学标准、影响课程和支配学者和科学家工作的政治力量的介入。"尽管如此,20世纪30年代早期,罗斯福政府已开始着手对私立大学进行政治干预。一方面,把斯坦福大学在内的私立大学,纳入联邦政府高等教育统计的范围,并对各个大学提供的数据提出标准化的要求。另一方面,对公立大学和私立大学的贫困大学生提供联邦资金资助。[131]20世纪30年代后期,通过国会立法,联邦政府加大力度支持大学的基础研究。由于学校财政困境仍然无法缓解,1939年,斯坦福大学被迫通过美国航空顾问委员会,接受联邦政府的科研资助。航空顾问委员会的科研资助是以竞争性合同的形式来提供的,表明联邦政府与接受资助的大学是平等的主体关系,双方通过合同明确各自所享有的权利和所承担的义务和责任。在美国为二战进行战争动员期间,斯坦福大学管理层和部分教师开始转变观念,认为获得美国国防委员会的科研资助是大学声誉的重要体现,因此派出代表常驻华盛顿,以主动争取联邦政府的科研资助。二战结束后,联邦政府通过竞争性合同资助大学的模式被延续下去,成为大学——政府关系的重要基础。接受联邦政府资助后,斯坦福大学虽然通过合同间接费获得了巨额的赢利,但是大学在受资助项目的科研方向和议程安排上,必须受到了联邦政府的干预,以保障作为资助方的联邦政府的利益。特别是,朝鲜战争爆发后,军方加强了对大学的经费资助。"应用研究项目比基础研究项目更直接地受到军方资助者的指导和对研究进程的强制性安排。"[131]因此,联邦政府的科研资助实际上是一种支持创新的资源承诺,确保了资源投入到能够产生创新的方向之中。也就是说,联邦政府通过资源承诺方式,对大学的科学研究和知识生产方式进行政治干预,直接推动了斯坦福大学的创业活动。

第二阶段,是以组织整合影响为主的作用机制。这个阶段是从 20 世纪 80 年代初,一直持续到现在。政治干预对斯坦福大学创业的影响,主要是通过组织整合来促进。政治干预对斯坦福大学创业的组织整合作用,最主要的是通过颁布授予大学的《贝杜法案》,将联邦政府资助的科研项目的知识产权授予大学,激励大学向企业转移技术。联邦政府的科研资助,不仅让斯坦福大学等一大批研究型大学获得巨额赢利,而且也促进大学产出了大量的科研成果。根据美国当时的法律规定,这些联邦政府资助的科研成果的知识产权归属于作为出资方的联邦政府。20 世纪 70 年代,由于全球石油危机的影响,美国经济进入了低迷期。联邦政府的不同部门对联邦资助的专利权采取了不同的态度,联邦政府并没有给予大学独占专利许可的权限。因此,大学向企业转移技术的成效非常低下。到 1979 年,美国联邦政府共拥有约 2.8 万件专利,但是最终许可给企业的专利不足 5%。为了能够通过有效利用专利、推动创新,促进美国经济发展,在大学和中小企业代表的积极推动之下,1980 年美国正式颁布了《贝杜法案》。该法案的核心内容是:联邦政府资助的科研项目的知识产权归属大学;大学与知识产权的发明者共同享有知识产权的收益。根据该法案的规定,大学享有收益的三分之一,研究部门享有三分之一,发明者个人享有三分之一;小型企业享有获得专利的优先权;联邦政府对专利权保留一定的强制许可的权力。《贝杜法案》的颁布,改变了联邦资助的科研项目的知识产权的归属,调动了大学推动知识商品化的积极性和主动性。对于斯坦福大学而言,早在 1970 年就已建立大学技术许可办公室,致力于知识商品化。《贝杜法案》出台后的整个 80 年代,斯坦福大学技术许可总收入年均增长率超过了 20%,技术许可办公室获得 6 500 万美元的技术许可总收入,比 70 年代 1 000 万美元的总收入增长了 550%;到 20 世纪 90 年代,斯坦福大学的技术许可总收入达到 4 亿美元,比 80 年代的总收入增长了超过 500%;到了 21 世纪的前十年,斯坦福技术许可总收入达到了 8.8 亿美元。[281]

(三)社会参与对斯坦福大学的大学创业的直接影响

社会参与是大学外部治理的重要组成部分,包括了除政府之外的其他校外的大学利益相关者对大学治理的参与。对于斯坦福大学这样的私立大学,社会参与尤其显得特别重要。在众多的社会参与者中,企业对斯坦福大学创业的影响是最为重要的。私立大学本身是社会人士和社会组织出资设立的,因此,社会参与实际上代替政府对大学进行干预和控制,在大学的外部治理中发挥着主导作用。从这个意义上讲,私立大学的出资人对大学的外部治理,本质上与政府对公立高校的管理和控制是类似的。因此,本书研究社会参与对斯坦福大学的大学创业的直接影响,主要是大学与其他企业的关系对斯坦福大学创业的影响,也就是说,企业是如何通过资源承诺来影响斯坦福的大学创业。

传统上,美国顶尖的私立大学一直与企业支持和实用主义哲学保持一定的距离,认为开展应用研究是受了物质利益的玷污。[131]与接受联邦政府资助类似,接受企业提供的科研资助,容易导致企业对科研工作的干预。毕竟,企业作为出资人,关心的是投资的回报,因此,对所资助的科研项目的方向和进度必然会加以干预。然而,大学与企业发展合作关系,不仅能够解决大学面临的资金困境,而且也有利于培养企业所需要的人才,能够促进学生就业。斯坦福大学的高层管理者和有识之士认识到,大学必须抛弃远离社会的传统,树立为国家和企业服务的理念。1938年,斯坦福大学与斯佩里公司签署了技术合作协议:斯坦福大学授权斯佩里公司独家开发利用斯坦福大学发明的调速管,并可以使用物理系的实验室和两位教师;斯佩里公司向斯坦福大学支付专利使用费。为企业服务的合作模式,为斯坦福大学获得了一笔可观的收入。20世纪40年代,为了加强与石油公司的合作,争取石油公司的支持,斯坦福大学甚至改革相关专业的课程设置,并征求石油公司的意见。20世纪50年代,斯坦福大学通过为企业提供技术咨询服务,建立了新型的大学——企业关系:大学是知识生产和技术研究的基地,企业是应用大学的知识和技术进行开发和生产的场所,大学需要指导企业的技术开发并获得回报。因此,社会参与对于斯坦福大学创业活动而言,为斯坦福大学的创业提供了资金支持,起到资源承诺的作用。

(四)外部治理对斯坦福大学的大学创业的间接影响

外部治理对斯坦福大学创业的间接影响,主要是体现在政治干预与社会参与影响到内部治理,从而通过内部治理对大学创业起到促进作用。

斯坦福大学是美国典型的私立大学。斯坦福大学自建校以来的主要治理机构有:董事会、校长、学术委员会、校部行政机关、院系等。董事会是斯坦福大学的最高权力机构,董事会负责选举产生校长,对大学事务具有最终决定权。校长根据董事会的授权,主持行政事务工作,并主持校学术委员会。二战期间,斯坦福大学开始致力于推动大学内部治理改革。治理改革前,教授群体对学术主导占地位,管理松散,对社会需求反应滞后,科研方向取决于教授的兴趣和爱好。教学与社会需求也存在一定程度的脱节。丽贝卡·S.洛温为,"大学内部关系的变革是发生在联邦资助产生之前和产生过程的同时,准确地说,就是为了吸引这种新类型的资助才产生的。"[131] 这表明,从因果关系的角度看,大学治理改革的目的是大学创业,大学治理影响大学创业。

在斯坦福大学的创业过程中,大学外部治理影响大学创业的机制是通过大学外部治理,斯坦福大学增强学校行政权力,建立激励机制,从治理层面推动大学创业的制度化。

第一,外部治理促进强有力驾驭核心的形成,为大学创业提供了决策控制。联邦政府的科研资助,促使斯坦福大学推动办学集权化,把院系传统的权力集中到学校行政团队之中。设立教务长,加强学校对全校学科发展的统筹,对于不能给斯坦福大学财政与声誉做出贡献的系科予以调整和重组。促进跨学科研究中心的创立,以适应大学创业的需要。二战之后,斯坦福大学为了吸引企业的科研资助,设立了斯坦福大学研究所。加强学校对教师聘任与终身教职的统筹和控制,打破系的自治传统。增强学院的权力,弱化系的权力,建立校院系三级管理体制,通过学院来管理系。

第二,外部治理促进激励机制的形成,为大学创业提供组织整合。二战期间,联邦政府改变了科学研究与发展办公室资助项目的研究经费管理政策,允许大学教师的工资可以作为项目合同的直接费用予以开支。除此之外,联邦资助的合同间接费,也可以用来支付大学包括教师薪酬在内的日常费用。联邦政府通过科研资助的方式,为大学提供了可观的经费来源,形成了联邦政府与大学共同承担教师薪酬的分担机制。利用联邦资助支付教师酬薪的这种分担机制,在斯坦福大学内部产生了促进大学创业的两种激励机制:一是院系经费的不平衡,承担联邦资助经费的院系,能够获得较多的经费来扩充教师队伍和加大研究生培养力度。二是教师收入的分化,承担联邦资助的教师的工资普遍高于承担繁重教学工作的资深教授。这两种分配机制,激励了院系和教师积极承担联邦资助课题的研究。此外,斯坦福大学 TTO 在扣除许可收入的 15% 作为 TTO 的运营成本后,剩下收入在学校、发明人所在系、发明人三方按照每方三分之一的方式进行分配。[282]

第三，外部治理通过大学董事会，发挥决策控制的作用。斯坦福大学的董事会是大学的最高权力机构，主要由校外人士，特别是工商业人士组成。这有利于影响大学的办学方向朝着服务工商业、服务国家经济社会的方向转变。

总而言之，政治干预与社会参与对斯坦福大学治理有着直接和间接的影响作用，为斯坦福大学的创业活动提供了决策控制、组织整合和资源承诺的作用，从根本上影响大学创业的进程。

二、沃里克大学的案例分析

（一）沃里克大学的创业之路

沃里克大学位于英国沃里克郡的考文垂市，是英国政府为适应高等教育发展需要于 1961 年开始筹建的公立大学。当时，与沃里克大学同一批建立的大学还有苏萨克斯、约克、兰开斯特、埃塞克斯、东盎格里亚、肯特等共有七所，一起被称为"草坪大学"，以区别于牛津大学和剑桥大学等古老的"红砖大学"。1965 年，沃里克大学正式获得英国皇室颁发的特许状，并开始招生。建校之初，尽管英国大学拨款委员会希望这七所"草坪大学"，能够定位于以本科教学为主的大学，但是沃里克大学立志于建设成为追求卓越的研究型大学。在历经建校后的第一个十五年，沃里克大学从 80 年代开始致力于大学创业，并在短短的 30 多年的办学时间，就跻身英国顶尖大学之列。2002 年，在泰晤士报的英国大学排名之中，沃里克大学名列第五。在 2014 年国际教育研究机构 Quacquarelli Symonds 发布的 QS 世界大学排名中，沃里克大学名列全球 61 名。作为一所办学仅有 50 多年历史的高校，能取得这个成绩实属不易。

沃里克大学的创业之路，可追溯到建校之初。在建校之初，沃里克大学副校长巴特沃斯就致力于把沃里克大学建设一所能够促进地区经济发展的适应时代需要的大学。为此，巴特沃斯在沃里克大学灌输亲近工业的思想。然而，由于英国大学根深蒂固的传统，巴特沃斯在 1969 年的大学骚乱中受到一些教师和学生的反对和批判。80 年代初，保守党政府上台后，英国开始大幅度削减高等教育财政拨款。为了应对财政危机，沃里克大学开始以"省一半、赚一半的政策"推动大学创业，依次弥补被削减的 10％ 的经费。[104]沃里克大学的创业活动主要体现在以下方面：第一，沃里克制造业集团。沃里克制造业集团成立于 1980 年,是沃里克大学与工业企业联系的核心平台,也是沃里克大学创收的主力军。沃里克制造业集团依托工程系,集研究开发、教学和创业培训于一体。[283]沃里克制造业集团通过研究开发,解决企业生产中的实际问题。此外,沃里克制造业集团举办各类培训班和课程教育。到 1995 年,集团共有教师科研讨人厌 200 多名,每年有攻读文凭和其他进修课程的公司工作人员 3 000 人以上。[104]第二,沃里克商学院。沃里克商学院建立于 1967 年。到 90 年代,沃里克商学院招收了大量的企业人士攻读工商管理硕士学位,并吸引了大量的外国留学生,通过收取学费来进行创收,成为沃里克大学创收的重要来源。第三,沃里克大学科技园。沃里克大学科技园创办于 1984 年,由沃里克大学、沃里克郡和考垂市和企业共同出资设立。沃里克大学科技园以培育高科技企业为宗旨,吸引了大量企业入驻科技园。这些企业为沃里克大学提供了面向工业产业发展需求的科研项目,也为沃里克大学带来了大量的创收。第四,沃里克会议中心。该会议中心主要是根据制造业集团和商学院大量的培训与会议需求而建立,从中收取费用而创收。第五,其他创收项目。沃里克大学还通过举办各类继续教育培训,创办艺术中心、银行、美容室和书店等各类服务项目,在服务社会的过程中创收,促进大学办学资金来源的多样化。

(二)政治干预对沃里克大学创业的直接影响

19 世纪的英国高等教育发生了重大的变化,英国先后成立了伦敦大学和城市学院等 7 所高校,打破了牛津大学和剑桥大学的垄断地位。但是英国政府对高等教育奉行不予资助、不予干预的政策,英国大学具有较强的自治权。第一次世界大战的爆发,让英国政府认识到大学对国家经济和社会发展的重要性。英国财政部通过 1919 年成立的大学拨款委员会,对大学进行资助。由于对大学具体事务干预不多,大学可以较为自主地使用经费,大学拨款委员会在政府与大学之间发挥缓冲作用。1964 年,大学拨款委员会从财政部转移到教育与科学部后,政府开始干预大学的学生数量、学费以及经费开支等事务,之后大学基金委员会,取代大学拨款委员会,进一步加强对大学的干预。从总体上讲,英国政府对大学的干预是很有限的,主要的手段是经费资助、市场机制和质量监控。

沃里克大学是英国政府举办的公立大学。由于传统上英国政府对大学事务一般不予干预,沃里克大学自建校以来一直拥有较大的办学自主权。从历史演化的视角看,英国政府对大学的有限干预,对沃里克大学的创业活动发挥着重要的影响作用。政治干预对沃里克大学的创业活动的影响,主要通过资源承诺和组织整合两种机制发挥作用。

第一,资源承诺。1965 年,沃里克大学正式成立之时,其办学经费绝大多数来源于英国政府拨款。80 年代,英国政府大幅削减了对大学的经费资助,并对资助政策进行调整,促进大学与工业合作,为大学创业提供了资源保障。英国政府将自然科学研究分成关系到知识增长和学术发展的基础研究、具有明显应用潜势的战略研究和能够解决实际问题的应用研究。[284]1987 年《高等教育:应付新的挑战》白皮书提出了英国高等教育改革的两个目标:一是要更有效地为经济发展服务;二是要同工商界建立更密切的联系。"政府及其主要的提供资金的机构将竭尽一切能力去鼓励与支持高等院校采取使自己与工商界更加接近的措施。"[285]1988 年,英国颁布《教育改革法》把 1987 年白皮书的精神上升为国家立法,以大学基金委员会取代大学拨款委员会,采用了合同制的方式,把大学的教学和科研卖给作为买方的政府。在这两个方面对大学创业提供了资源承诺:在职业培训和课程方面,国家政策从学生学额和研究方面给予科学和技术以优惠权;在科研方面,国家研究政策从基础或好奇心驱动的研究,转向更紧密地与以增加工业竞争力为目的的国家行为联系在一起的研究。[286]因此,大学的教授们必须通过竞争方式去获得政府为技术创新而设立的研究资助。沃里克大学制造业集团以学科为基础,利用国家资助和企业资助,从事推动产业发展的技术创新研究,带动了沃里克大学创业的开展。

第二,组织整合。英国政府在 80 年代大幅度削减经费后,通过政策手段激励大学发挥自身优势,通过知识创新和大学创业来拓展经费渠道,增加学校收入。《20 世纪 90 年代英国高等教育的发展》绿皮书指出:"政府不会因为学校外来经济收入的增长,削减给学校提供的基金。"[287]英国政府的组织整合,主要体现在两个方面:

一方面,激励大学通过海外留学生教育创收。英国保守党政府上台后,在大幅度削减了高等教育经费的同时,决定从 1980 年起对非欧共体的国际留学生实行"全成本学费政策",同时还允许高校自主支配国际留学生所缴学费的政策,调动了英国大学开拓海外留学生市场的积极性。此外,为了打造英国教育品牌,增强对海外学生的吸引力,英国政府成立英国高等教育质量委员会,对海外教育的质量进行监控和评估。在英国政府的激励政策下,沃里克大学积极应对政府财政紧缩,积极开拓海外留学生市场,为大学赚取了高额的经济利益。正如克拉克所描述的"在制造业集团和商学院的引领下,被界定为非欧盟公民和非联合王国公民的外国留学生,合在一起构成一个重要的外扩组成部分","他们合起来作为大学创收的一个主要来源"。[104] 目前,沃里克大学有国际留学生 8 608 名,占全校学生总数(23 570 名)的 36.5%。[287] 2013 财政年度,国际留学生学费收入 9 790 万英镑,占全校收入总额(4.805 亿英镑)的 20.4%,是英格兰高等教育基金管理委员会年度财政资助总额(5 470 万英镑)的 1.8 倍。[289]

另一方面,采取实行绩效导向的拨款机制。英国政府从 1986 年开始组织科研绩效评估,并根据绩效决定对大学的科研拨款。Mace 的调查研究表明,虽然科研评估对教师产生了很大的工作压力,但是科研评估促进教师在作为评估依据的专业期刊上发表更多的论文。[290] Brinn 等人的调查研究也表明,科研评估吸引了教师们的注意力,提高了科研的工作质量和效率。[291] 沃里克大学在英国政府组织的科研绩效评估中,取得很好的成绩。在 1989 年的第二次科研绩效评估,沃里克大学获得高级别评价的系有 18 个;在 1996 年的第四次科研绩效评估中,沃里克大学获得高级别的系上升到 21 个。2001 年科研绩效评估等级为 1、2、3 的学科单位的科研拨款系数为 0,等级为 5 * 的学科单位的科研拨款系数大约是等级为 3 的学科单位的科研拨款系数的 9 倍。[292] 因此,科研绩效评估的结果,不仅给沃里克大学带来良好的办学声誉,而且也带来大量的科研拨款经费资助,促进了大学知识创新和大学创业。

(三)社会参与对沃里克大学创业的直接影响

政府干预之外的社会参与是沃里克大学外部治理的重要组成部分,对沃里克大学创业也发挥着重要的促进作用。社会参与对大学知识创新和大学创业的影响,主要通过两个层面在发挥作用:

第一,通过社会参与,发挥组织整合的作用,促进知识生产和大学创业。英国的工商业人士通过全国性的教育中介组织,例如高等教育基金委员会、资助委员会、工业和高等教育委员会、皇家工艺协会及科技基金会等,参与了国家的高等教育决策过程,发挥了一定的影响力。1988 年英国通过的《教育改革法》规定,新成立的大学基金委员会有一半以上的成员由工商业人士组成。特别值得一提的是,前两任基金委员会的主任都是非大学人士,第一任是企业家,第二任是工程师。1993 年成立以科学部分为首,由政府、科技界和工业界著名人士组成的国家最高科技决策咨询机构——科学技术委员会,科学部长任命了 6 位有影响的企业家分别担任 6 个研究委员会的兼职主席,以密切工业界与学术界的合作,让企业直接参与科研决策活动。[293]2001 年的大学科研绩效评估中,评估组成员有 75％来自工商业和其他社会人士,通过社会人士的参与,促进知识创新和大学创业的有机结合。[292]

第二,通过社会参与,发挥资源承诺作用,促进知识生产和大学创业。在英国政府大幅削减大学财政预算的形势下,工商业等社会各界为大学提供了大量的经费支持,是大学知识创新和大学创业的主要保障。"至 1991 年,政府向大学提供科研经费占大学科研经费总额的比例下降到 72％,企业向大学提供的科研经费额占大学科研经费总额比例从 1985 年的 5％上升到 1991年的 7％。"[284]在 1992 至 1993 财政年度,工商界向英国 46 所大学提供了 1.6亿英镑的资助,占这些大学经费总收入的 3％。[294]2013 财政年度,沃里克大学的研究补助和合同达到 9010 万英镑,占全校收入总额(4.805 亿英镑)的18.8％。[289]工商业的资助为大学的知识创新和大学创业提供了资源保障。沃里克大学科技园吸收了一大批的高科技企业入驻,这些高科技企业为沃里克大学发展生物技术、自动控制、高新材料等学科领域提供了有力的经费支持,促进大学知识创新和创业。

(四)外部治理对沃里克大学创业的间接影响

沃里克大学是英国的公立大学。1965 年颁布的皇家特许状对沃里克大学的整体治理结构做了的规定。从整体上讲,沃里克大学实行董事会领导的副校长负责制。主要治理机构有:大学董事会、学术评议会、副校长、各类委员会、校部机关和系等组成。董事会是借鉴美国大学外行董事会而引入的,是沃里克大学的最高决策机构,对大学发展负责。沃里克大学董事会的主要职责包括:管理沃里克大学的财政和资产,决定名誉学位的授予,任命大学校长和大学其他重要的行政负责人,受理学生的投诉;决定下设的附属委员会的委员;对教授进行评定。[295]在沃里克大学,评议会是大学的学术权力机构,对大学的学术事务负责。主要职责有:负责大学的教学、科研等学术事务,管理学生的学习与考试,管理教师的福利,监督四个学部委员会的工作。副校长是大学的最高行政官员,处于大学权力的核心,对大学董事会和评议会负责。

英国是新公共管理主义的发源地和输出国。在新公共管理主义的影响下,英国政府通过基于绩效评估的财政拨款机制,确立对大学绩效的问责。通过对成本—绩效的强调,政府步步推进了大学治理变革。[296]在外部治理的推动下,沃里克大学治理结构发生了深刻的变化,为大学创业提供良好的制度基础。主要体现在以下三个方面:

第一,外部治理促进大学行政权力增强。英国大学具有浓厚的院系自治传统,大学校级权力较弱,而院系拥有较大的权力。但是,沃里克大学反对分权,而是形成基于委员会制集体领导的强有力的校部驾驭核心。克拉克在《建立创业型大学:组织转型的途径》描述了两个关键的委员会在大学创业中的作用。[104]一个是联合战略委员会。在 80 年代,沃里克大学为了集中大学的权力,建立了董事会和评议会联合战略委员会,把财务、学术和校舍规划等集中在一起,负责大学的宏观战略。这个委员会"首先要决定有多少经费可以用,接着就是有关学术方面要发展什么和不发展什么的艰难的决定。"另一个是评议会的学术资源安排委员会。学术资源委员会由代副校长的一位教授任主席,自然科学、社会科学和人文科学领域推选的三位教授任委员,负责给各系分配经费和控制教授职位。沃里克大学通过这些委员会,把院系的权力集中到学校层面。这种将院系权力集中到学校的做法,使得沃里克大学能够从学校整体利益的角度出发,来确定大学的发展,并推动大学创业的开展。例如,通过顶部切片和交叉补助,对创收能力弱的系进行资助,从而提高大学整体的办学水平。

第二,外部治理促进激励机制的形成。在外部治理中,政治干预和社会参与的组织整合和资源承诺,传导到大学内部,促进了沃里克大学内部激励机制的形成。一是资源分配机制。由于政府的竞争性财政拨款政策,为了增强大学的整体实力,沃里克大学建立了资源配置机制。二是质量控制机制。由于英国高等教育质量保障局组织的教学评估和质量控制,对大学的办学声誉以及大学创业活动产生了重要的影响,因此沃里克大学在评议会设立大学学术与标准委员会,负责大学教学事务。委员会主要由学者与学生组成,通过课程和模块的审批、质量评估、定期的课程和部门审查,有效地保证了教学质量和科研水平。[297]三是内部审计机制。为了保障大学资金安全和规避财务风险,沃里克大学建立一整套完善的大学内部审计制度。大学董事会设立有审计委员会,主要由董事会的校外成员组成。学校内部审计机构对副校长和审计委员会负责。审计制度的实行,对沃里克大学创业活动的有效开展,不仅保障了资金安全,而且提供了资源配置优化的主要参考作用。

第三,外部治理通过大学董事会发挥决策控制的作用。作为大学最高决策机构的沃里克大学理事会由 33 名成员组成,其中包括 15 名校外人士、6 名评议会成员、2 名学生会成员。[297]这就表明,校外人士在大学决策机构中占据了相当大的比例,这使得社会力量,尤其是工商业人士能够参与大学的决策,及时对社会需求做出反应,促进大学创业的开展。

第四节 案例研究的结论与启示

一、案例的结论

上文的案例实证分析表明,政治干预对大学创业的具有直接正向影响,社会参与对大学创业的具有直接正向影响,政治干预与社会参与对大学内部治理结构产生影响,从而间接影响到大学创业。

(一)政治干预发挥组织整合和资源承诺的作用

美国政府和英国政府对大学的干预是很有限的。在美国,联邦政府对大学没有直接的管理权,对私立大学的干预手段更是不多。在英国,大学历来具有较强的自治传统,政府很少直接干预大学内部事务。然而,在斯坦福大学和沃里克大学的创业过程中,有限的政治干预却发挥着决定性的作用。二战期间,美国联邦政府的研究资助,为斯坦福大学创业提供了资源承诺,并促进了斯坦福大学发展。美国国会颁布的《贝杜法案》,对大学向企业转移技术起到了重要的激励作用,对大学创业发挥了组织整合的机制作用。英国政府在20世纪80年代以来,对大学的一系列调控措施,直接促使沃里克大学走向创业之路。英国政府在大幅度削减大学经费的同时,激励大学通过海外留学生教育开展创收。斯坦福大学的创业,主要基于科研成果的转化,而沃里克大学的创业是综合性的,并且基于教学的创业在整个大学创业中占有极其重要的位置。英美大学的创业差异,很大程度是由于英国政治干预的特点而形成的。英国政府还通过基于科研绩效评估的财政拨款机制,推动大学知识创新和大学创业。因此,尽管干预手段不同,但是在大学创业中,适度的政治干预是推动大学创业的关键因素。

(二)社会参与发挥组织整合和资源承诺的作用

社会参与是美国和英国大学的外部治理的主要特点。斯坦福大学是私立大学,大学的建立和发展本身就是社会参与的过程。在促进大学创业过程中,社会参与对斯坦福大学发展着重要的作用。斯坦福大学的创业,既是向政府争取研究经费的过程,也是向企业争取经费资助并向企业转移技术的过程。企业的参与,对斯坦福大学创业提供了重要的资源承诺作用。在英国,社会参与为沃里克大学提供了组织整合和资源承诺的重要作用。社会人士广泛地参与到英国高等教育基金会、科学委员会等官方中介机构,推动了大学直接服务经济社会发展。特别是,在英国政府削减大学财政经费的情况下,工商业等社会各界为大学提供了大量的经费资助。沃里克大学尽管是公立大学,但是社会参与大学治理是沃里克大学的重要特征。作为大学最高权力机构的董事会的成员相当一部分是社会工商业人士,有助于大学增强对社会需求的反应能力。

(三)外部治理通过内部治理发挥决策控制的作用

外因是事务变化的条件,内因是事务变化的关键。斯坦福大学与沃里克大学在创业之初,无不受到大学内部的重重阻力。这些阻力主要源自于自大学的传统。英美大学传统上与实用主义保持一定的距离,对开展应用研究存在一定的偏见,教授们对大学创业普遍存在一定的抵制心态。外部治理促进大学形成强有力的驾驭核心,增强大学行政权力,从而对大学决策控制起到间接的作用。斯坦福大学为了推动创业,削减了院系权力和教授们在学术事务的影响力,把行政和学术事务的决策权都集中到学校行政层面。沃里克大学为了创业,在增强院系活力的同时,更是强调学校集权。学校集权和强有力的行政驾驭能力对大学创业发挥了主要的作用。斯坦福大学与沃里克大学的创业历程表明,这两所大学创业是自上而下的行政权力在强力推动的,行政权力发挥着重要的作用。

二、案例的启示

通过对斯坦福大学和沃里克大学的案例研究,对我国加强大学外部治理,推动大学创业,更好服务于经济社会发展和创新驱动战略具有重要的启示:

第一,政治干预的适度化是大学创业的重要动力。政治干预对于大学的发展是必需的,但是过度的政治干预必然也不利于大学的发展。英美创业型大学的经验表明,政治干预的适度化能够推动大学创业。因此,在我国,推动大学创业,要重视发挥好政府的宏观调控的作用,转变政府管理大学的方式,注重通过宏观调控和政策激励等间接手段,引导大学更好地服务经济社会发展。这有利于对大学进行有效的干预,同时又能够维护大学相对自主办学的权力,避免影响大学办学自主权的有效行使。

第二,社会参与的制度化是大学创业的重要支撑。社会参与是大学能够适应社会需求、保持对社会需求的应变力的重要条件。英美创业型大学的经验表明,社会参与为大学创业提供了组织整合和资源承诺的重要作用,同时社会参与还通过大学内部治理影响到大学决策控制。因此,在我国,推动大学创业,要改变社会参与积极性不够、机制不健全等问题,构建社会支持大学发展、促进大学创业的有效机制。

第三,大学行政权力是大学创业的关键因素。外部治理对大学决策控制的作用,主要是通过大学行政权力发挥作用。英美创业型大学的经验表明,强有力的驾驭核心是推动大学创业的关键因素。从我国实际情况看,加强大学创业,也必须引导大学党委和行政系统加强自身建设,增强大学创业领导力,更好地引领大学创业。

第七章

基于大学治理的大学创业
提升的对策研究

根据前文的理论研究与实证研究,大学内外部治理对大学创业具有根本性的影响作用。当前大学创业存在的意愿淡薄、成效不高、资金短缺、能力较弱和服务缺位等问题很大程度上是大学治理中仍然存在的制约因素造成的。针对我国当前大学治理中存在的制约大学创业的因素,必须坚持问题导向,强化法治思维,遵循价值逻辑,通过政治干预的适度化、社会参与的组织化、内部治理的多元化、章程建设的法治化等方面,构建激励相容的大学治理,以大学治理现代化来促进大学创业。

第一节 政治干预的适度化

根据亨利·埃茨科维茨的三螺旋理论,政治干预模式主要有国家干预主义模式、自由放任主义模式和创新三螺旋模式三种类型。在国家干预主义模式中,大学是政府的附属机构,政府对大学进行直接的管理和控制,严重抑制了大学的积极性和创造性,很容易产生"政府失灵"的问题,从而影响到大学向产业转移技术,阻碍了知识的商业化。在自由放任主义模式中,政府与大学相互独立,容易引起"市场失灵"的问题,不利于维护和发展国家利益。为此,亨利·埃茨科维茨认为,无论是国家干预模式还是自由放任模式,都不能提供足以令人满意的以知识为基础的创新体制。[112]在创新三螺旋模式中,适度的政治干预为大学创业提供强有力的制度支持,成为大学创业必不可少的条件。

政治干预通过决策控制、组织整合、资源承诺,为大学创业提供了有利的创业环境和创业资源,激发创业主体的创业意愿。斯坦福大学和沃里克大学的成功创业表明,适度的政治干预对于推动大学创业发挥着重要的作用。从我国的实际情况看,政治干预还存在一些不利于大学创业的问题,主要有:一是习惯于采取计划经济时代的直接管理方式,利用行政命令式的手段对高校各类事务进行管理,压抑了高校的积极性和创造性,高校办学自主权没有真正落实;二是国家层面对高等教育管理权过于集中,省级政府的权限过小,主体责任意识不强,主动性和创造性难以调动和发挥;三是政府为大学提供的组织整合和资源承诺力度需要加强。因此,提升大学创业水平,既要讲大学自治、学术自由,也要重视政府的管理与控制,既要国家层面加强对高等教育的统筹协调,也要充分调动地方的积极性,这样才能促进中央政府与地方政府之间、政府与大学之间的激励相容,更好推动大学创业。

一、简政放权,推动自主办学

自主办学是大学创业的重要前提。没有办学自主权,大学必须高度依附和依赖政府,缺乏创业的激情和内在动力。从世界高等教育发展史看,由于高等教育在经济社会发展中占有极其重要的地位,政府必然要加强对大学的控制。这是确保国家利益和公共利益的需要,具有合法性与正当性。但是,我们也要看到过度的政治干预必然会损害到大学的自主权,动摇大学的根基,影响到大学的健康发展和国家的长远利益。从我国目前情况看,高等教育管理集权的问题还比较突出,不利于形成高等教育的多样性,也不利于增强高校自主办学的意识和能力。因此,重塑大学与政府关系的核心是简政放权,转变政府职能,引导高校依法自主办学、面向市场办学。一方面,中央政府向地方政府合理放权。国家和地方的合理分权有利于调动地方的积极性,更有利于发挥地方的创造性。美国高等教育之所以世界一流,一定程度上得益于联邦与各州政府之间的高度分权。我国要改变中央政府在高等教育方面过于集权的状况,赋予省级政府更多的管理权限,充分调动省级政府的积极性和主动性。另一方面,政府要落实好大学办学自主权。办学自主权落实问题不仅事关高等教育法的权威问题,而且也事关高等教育的结构调整问题。结构的调整必须是以市场需求为导向,只有大学真正具有自主办学权,大学才能及时应对市场需求的变化,并发挥好首创精神,促进高等教育的多样化,保持高等教育的生机和活力。要围绕自主招生、学科专业设置、机构设置和人事聘用等关键环节,落实办学自主权,使高校真正成为办学实体。

二、创新机制,激发创业动力

　　大学创业归根到底还是大学发挥学科专业优势,更好地服务经济社会发展需求。政府要转变职能,并非仅仅下放办学自主权,也包括担负起应有的责任。政府转变职能,推动大学创业的关键是,政府要转变管理方式,从微观的直接干预向宏观的间接管理转变,通过建立激励竞争机制,激发大学创业的内在动力。第一,要建立竞争性拨款机制。竞争性拨款机制是一种以绩效为导向、以评估为基础的拨款方式。通过这种竞争性的拨款方式,政府能够更好地发挥宏观调控的作用,引导和激励大学面向经济社会发展需求、更好地提升办学质量。从我国目前情况看,政府对高校的拨款大多采用生均拨款方式,容易忽视不同学科专业的办学成本差异,也容易使高校依靠办学规模扩张来获取更多的办学资源,不利于高等教育的发展和经济社会发展的需求。因此,要改变政府对高校的财政拨款方式,以基于绩效评价为基础的竞争性拨款为主、以生均拨款为辅的财政拨款机制,发挥评估和拨款的导向和杠杠作用。第二,要完善市场机制。市场在某种程度上体现了社会需求、体现了国家和经济社会发展的需要。政府转变职能和管理方式,很重要的就是要通过完善机制,使高校能够面对市场自主办学。大学要在激烈的市场竞争中生存和发展,就必须对经济社会发展的需求作出快速的反应,并不断调整自身的专业设置和学科结构,加强内涵发展。第三,建立协同创新创业机制。大学创业,需要政府、社会和大学三方有效的共同参与。政府要制定一系列支持政策,激励大学创业。政府要制定支持大学与企业技术创新的税收政策,推动大学向企业转移科技成果。完善知识产权政策,保障高校产学研协同创新中的各方权益,调动企业和高校参与协同创新的积极性。要完善大学创业的利益分配机制,充分调动各方的积极性,推动大学创业的有效运作。特别是,对于大学与产业的合作,政府要优化政策环境,通过机制设计,是大学与企业科学合理地分担风险、分配利益,实现企业与高校利益的激励相容。

三、加大投入,强化资源保障

　　大学创业能够使大学形成多样化的办学资金来源,但是政府的经费支持对于大学创业而言仍然是重要的资源保障。斯坦福大学的创业之路表明,政府的资源承诺在大学创业中发挥着极其重要的作用。因此,政府要加大对大学的经费投入力度,推动大学创业。第一,政府要加大投入支持高校基础研究。加强基础研究是提高原始创新能力的重要途径,但是由于基础研究具有投入大、周期长、见效慢的特点,企业资金很难投入到基础研究中来。因此,政府必须加大对基础研究的经费投入力度,支持大学科技创新,为知识资本化奠定基础。第二,政府要加大对大学创业的公共服务平台建设。产学研合作是大学创业的重要方式。信息是促进产学研合作的重要资源,信息渠道不畅通,转化就难以有效实施。因此,要加强信息平台建设,建立一批常态化运作的科技成果转化与技术研发需求的信息对接平台。第三,要加大对技术转移的支持力度。政府科研经费投入具有直接的导向作用,要充分发挥这种导向作用,引导企业加大对技术创新的资金投入力度。同时,要积极协调金融机构加大对企业创新活动的支持力度,建立完善有利于大学向企业转移技术的大学创业风险基金。

第二节　社会参与的组织化

社会参与大学治理是指除了政府和高校之外的社会公众、团体组织等作为高校治理的载体,自觉地参与高校的各种活动或事务的决策、管理及运作,据此影响高校权力的运行和结构,分享高校发展成果的各种行为和过程。大学创业是大学对社会需求的回应,正因为如此,社会参与对于大学创业就显得极为重要。根据前文的研究,社会参与主要通过决策控制与资源承诺对大学创业产生影响。社会参与大学治理,直接传导需求社会,反映社会期待,在大学与社会之间发挥重要的桥梁和纽带作用。特别是,工商业人士参与大学治理,有利于大学学习借鉴企业管理经验,把握市场变化,提升大学创业能力和水平。此外,社会参与还为大学创业带来大量的经费支持,是大学创业的重要资源保障。因此,社会参与大学治理,对于推动大学创业具有重要的现实意义。

从我国当前情况看,社会参与大学治理存在不少问题。主要有:社会参与意识薄弱,参与的主体意识、利益意识和责任意识比较淡薄,对大学治理重视不够;社会参与权利弱化,社会参与主体介于高校和政府之间,基本不具备参与大学治理权力;社会参与体系不完备,社会参与的积极作用难以有效发挥;社会参与力度不足,参与渠道单一,参与面不广。[298]总之,我国目前的社会参与,总体上处于以个体参与为主的非组织化的松散状态,影响了大学创业的开展。因此,要通过建立完善中介组织、建立完善大学董事会制度和引导社会资本参与来促进社会参与的组织化,形成社会参与大学治理的体系和机制,从而为大学创业形成良好的治理环境。

一、发挥中介组织作用

高等教育的中介组织是介于政府与大学之间的社会组织。这类组织依法建立,具有独立的法人资格,能够在政府与大学之间发挥"缓冲器"作用。大学发展事关国家和社会的根本利益,政治干预是必不可少的。但是,政府如果直接管理和控制大学,又不可避免地影响到大学自主办学,极易以长官意志代替教育发展规律,损害到大学的事业发展。因此,通过建立中介组织,在大学与政府之间发挥"缓冲器"作用,既能够间接地对大学发展进行有限干预,又维护大学自主权。因此,要通过中介组织这种社会参与的组织化,把中介组织作为协调大学与政府的关键,整合社会参与力量。一方面,要建立真正相对独立的中介组织。独立性是中介组织发挥桥梁纽带作用的关键所在。目前,我国现有的高等教育中介组织,大多依附于政府和政府部门,有中介之名无中介之实,难以发挥应有作用。因此,要通过立法,建立健全有利于中介组织发展的政策和法规,形成良好的外部发展环境。要充分吸收社会各界人士参与中介组织,引导大学的外部利益相关者积极参与中介组织,增强中介组织的开放性和活力。特别是,要注重吸收工商业人士的参与,把中介组织作为工商业人士参与大学外部治理的重要平台,在人才培养、校企合作、学生创业与就业以及体制机制创新等方面发挥作用。这有助于大学加强与社会的联系,有利于更好地服务产业的发展,为大学创业奠定坚实基础。另一方面,要加强对中介组织的管理与约束。高等教育中介组织的主要功能是教育评估、教育审核、教育决策咨询。公正性是中介组织能够有效发挥作用的根本,在中介组织具有相对独立性的前提下,如何保证中介组织的公正性是非常重要的问题。因此,必须规范中介组织的行业自律,强化中介组织的自我约束和自我管理,加强社会公众对中介组织的监督。

二、建立大学董事会制度

大学董事会制度起源于欧洲,兴起于美国。从西方国家大学董事会的演变历史过程看,大学董事会的产生和发展是建立在大学法人制度基础之上,可以说董事会制度是大学法人制度的重要组成部分。在美国高校,董事会是大学的最高决策机构。而我国的公立大学董事会有多种类型,不同类型的董事会的性质则有所不同。目前,主要有三种类型:一是决策型,例如汕头大学等高校;二是行业共建型,例如华北电力大学;三是咨询指导型,例如中国人民大学。《国家中长期教育改革和发展规划纲要(2010—2020年)》指出:"探索建立高等学校理事会或董事会,健全社会支持和监督学校发展的长效机制。"

建立大学董事会,有利于充分发挥董事会成员的集体智慧,增强高校办学的社会适应性。由企业人士的董事会成员能够密切高校与社会的联系,增强高校的社会服务能力,直接促进重大科研项目成果转化为现实生产力,促进校企合作紧密结合。董事会有利于大学多渠道筹集办学资金,减少对政府财政与学生收费的压力。董事会有利于促进成员单位对学生创新创业的支持力度和氛围引领。因此,建立大学董事会制度,对于推动大学创业具有重要的意义。

根据高等教育法和有关规定,公立高校实行党委领导下的校长负责制。建立创业型大学董事会制度不能与法律法规相抵触,因此必须科学进行顶层设计,正确定位,解决好党委领导下的校长负责制与董事会制度的关系。第一,坚持党委领导下的校长负责制不能动摇。加强党对高校的领导既是党对国家领导的重要组成部分,是贯彻落实高等教育法的必然要求,也是我国高等教育的特色和优势。近二十年来,我国高等教育事业的发展表明加强党对高校的领导,是高校坚持社会主义办学方向,促进事业科学发展,维护安定稳定的根本保证。建立创业型大学董事会制度,目的是优化创业型大学内部治理,必须毫不动摇地坚持党对高校的领导,努力把党的政治优势转化为高校各项事业科学发展的优势。第二,必须通过建立董事会制度来加强和改善党对创业型大学的领导。公立高校党委既是大学的政治核心,也是大学的领导核心,对大学负有领导、决策等重大责任。从作为大学最高决策机构这个角度看,高校党委的作用类似于美国高校的董事会。但根据党的组织规定,高校党委的成员不能来自外部,当然也只能是中共党员,因此很难发挥高校与社会之间桥梁和缓冲器的作用。这不利于实现创业型大学的"五个核心要素"。因此,必须通过董事会制度来改善党对创业型大学的领导。第三,可以借鉴哈佛大学的双董事会制度来正确处理党委领导和董事会领导的关系。2010年8月,中共中央印发了新修订的《中国共产党普通高等学校基层组织工作条例》,明确规定:"高等学校党的委员会按照党委领导下的校长负责制,发挥领导核心作用。"主要职责有:宣传和执行党的路线方针政策、讨论决定学校发展的重大事项、讨论决定学校内部组织机构的设置及其负责人的人选以及开展党的建设与思想政治工作等。高校党委会使法定的领导和决策机构,享有作为大学法人的全部权利;董事会在高校党委的授权下,对事关学校教学、科研和服务社会等涉及办学功能的重大事项进行决策。这样形成在党委授权下,党委与董事会共同负责学校重大事项的决策的内部管理体制。

三、引导社会资本参与

大学创业是一种具有不确定性和高风险性的活动。社会资本为大学创业提供了资源承诺的作用,是社会参与的重要内容。社会资本的参与,在为大学提供资金支持的同时,也必然引导大学更好地面向市场需求、服务产业发展需要。风险投资是大学创业的重要资源保障,能够加快科研成果转化,有效缩短大学知识商业化的时间周期。美国硅谷的成功经验表明,大规模的风险投资供给,推动了美国大学创业投入的社会化,促进了大学技术转移能力的增强。

风险投资,是指以股权投资的方式投资于具有高成长性的中小型企业,并积极参与所投资企业的经营管理,以期在所投资企业相对成熟后通过股权转让实现资本增值收益的投资行为。[299] 从我国目前情况看,风险投资的资金不足,体制机制有待完善,政策环境有待优化,风险投资在大学创业中的作用还不够明显。因此,要积极扶持社会风险资本,营造良好的环境和氛围,为大学创业提供资源承诺。第一,要加强风险投资的人才培养。风险投资的高风险性要求投资团队要具有专业的知识和丰富的实践经验,这才能够准确地选定投资项目,并对项目进行科学的评估和管理,从而减少技术风险与经验风险,提高大学创业的成功率。为此,要依托高等院校等机构,建立专业的培训平台,加快培养专业化的风险投资人才。要选拔一批优秀人才到国外学习交流,引进国外成功的投资基金,通过"引进来"和"走出去"相结合,加快人才培养步伐。第二,要发挥好政府种子基金的作用。政府要加强对风险投资的干预力度,整合有关资源成立以政府资金为主的种子基金,吸引社会资本的加入。第三,加快风险投资的立法。风险性行业更需要规范的运作和良好的政策法规环境。要通过立法,规范风险投资的运作,从法律层面减低风险,维护权益。要制定相关的税收和财政优惠政策,形成有效的激励机制,增强风险投资对社会资本的吸引力,为大学创业提供稳定持续的资源承诺。

第三节　内部治理的多元化

大学内部治理对大学创业具有直接的影响,发挥着决策控制、组织整合和资源承诺的重要作用。斯坦福大学和沃里克大学的成功创业经验表明,以行政权力为主导的多元化内部治理,是大学创业的重要保障。

从我国目前情况看,作为一种顶层设计,大学内部治理包括权力结构的配置、校院层级的管理、办学功能的协调等三个方面的内容。权力结构和层级管理实质是权力体系在横、纵两个维度的划分,办学功能实质是对教学、科研以及社会服务的利益安排,都涉及对大学各种主体利益的激励和约束。由于利益主体的目标函数不同,在信息不对称的条件下,激励不相容现象极易产生,从而影响到大学创业活动的开展。第一,权力结构的激励不相容。政治权力、行政权力、学术权力和民主权力等四种权力。从总体上看,这四种权力追求的目标是基本一致的,都是为了高等教育事业的发展。但是由于具体目标函数的不同以及信息不完全和自利行为,他们又容易产生冲突,影响了大学创业的决策控制。第二,层级管理的激励不相容。尽管大多数高校普遍实行学院制,但由于管理重心仍然集中在学校,甚至一些学校仅仅简单地把原来的系改名为学院,降低管理重心、提高管理效率、促进激励相容的目标还未真正实现。这不利于调动学院参与大学创业的积极性和主动性。第三,办学功能的激励不相容。实际上,办学功能也是大学内部治理的重要问题之一。因为,从表面看,大学功能的激励相容问题是教学、科研和社会服务三大功能互动融合的问题,实质上则是教师群体利益关系的协调和引导问题。当前,高校特别是教学研究型和研究型大学普遍存在着"科研至上"的导向,重科研、轻教学的问题比较突出,现有的评价体系与职称制度,以"论文至上"为导向,不仅导致学术功利化,使得学术成果有数量、没质量,科研课题重申报、轻研究,研究成果好通过、难应用,而且教师服务社会的积极性难以调动起来。这实际上就抑制了广大教师参与大学创业的积极性。

前文的研究表明,大学行政权力对知识生产和大学创业都具有正向的影响作用,因此,大学内部治理改革必须加强行政权力建设,让行政权力更好地发挥作用,更加有效地服务知识生产和大学创业;学术权力和院系权力对知识生产具有正向的影响作用,因此,要加强学术权力建设,强化院系自主办学,让

147

教授群体在学术事务上发挥更大的自主权,从而生产更多的知识成果,为大学创业奠定基础。同时,要按照激励相容的原则,加强改革创新,促进大学内部各种利益主体在追求自身目标的同时,能够客观上推动大学整体目标的实现。

一、完善行政决策执行机制

决策控制直接关系到大学创业的意愿和资源保障。推动大学创业,必须打造强有力的驾驭核心,并建立完善行政决策执行机制,保障大学行政权力的有效行使。根据本书的定义,大学行政权力实际上大学党委和行政系统对行政事务的影响力。从现有体制看,高校党委行使的政治权力主要表现为决策权,校长行使的行政权力主要表现为执行权,教师行使的民主权利主要表现为监督权和参与权。这三种权力实质上是围绕着决策执行这条轴线展开的,因此,建立科学的决策执行机制,既能最大限度地解决信息不对称问题,做到决策的公开透明,又能协调党委的目标函数与行政的目标函数,使得他们在追求实现自身的目标函数的同时就能最大化地推动学校事业发展。这样,才能保障大学创业的有效开展。

为此,我们要在坚持党委领导下的校长负责制的基础上,健全完善高校科学民主决策机制,加强行政执行能力建设,强化监督制约机制,促进利益主体的激励相容。一是健全科学民主决策机制。通过建章立制,明确需要提交党委全委会、常委会决策的事项,解决党委“决策什么”的问题。同时,规范决策程序,健全党委全委会、常委会决策程序和议事规则,解决党委“怎么决策”的问题。二是加强行政执行能力建设。执行党委的决策是行政体系的重要任务。加强行政执行能力建设首要的就是要增强服务师生的意识,充分发挥教授治学的作用,建立以服务为导向的行政体系,从而克服“行政化”倾向。三是完善监督制约机制。严格执行信息公开制度,发挥大学纪检监察部门、教代会、学代会等机构和群体的作用,充分尊重教师和学生的权利,确保他们的知情权、参与权和监督权。

二、创新学术组织设置

学术权力对于大学创业的影响,主要是通过影响知识创新而间接发挥作用。根据前文研究,学术权力对知识创新具有正向影响力,就表明尊重学术自由、按学术规律办事,有利于知识创新。加强学术权力建设,有利于提高大学知识生产水平,既能够提高大学的办学质量,又能够为大学创业奠定知识基础。因此,这就要求我们,必须做到行政权力与学术权力能够激励相容。

　　然而,行政权力如何实现与学术权力的激励相容是当前优化大学内部治理的难点,也是社会的关注点。从目标函数讲,行政权力强调以管理和控制推动高校健康有序的发展;学术权力则强调以学术自治和学术自由提升办学质量和水平。可见,尽管二者的目标基本一致,但实现目标的手段和途径的不同,即:行政权力以管理和控制为主,学术权力以学术自由为主。因此,实现行政权力与学术权力的激励相容就是要通过机制设计,协调双方实现目标的手段和途径,即:创新学术组织设置,保障学术权力有效运作,避免行政权力挤压学术权力,形成行政化而影响到大学创业和大学的健康发展。一是改革校院两级学术委员会制度,保障运作条件。高等教育法明确规定,高等学校设立学术委员会,审议学科、专业的设置,教学、科学研究计划方案,评定教学、科学研究成果等有关学术事项。目前,由于校级学术委员会基本沦落为"院长大会",院级学术委员会也差不多成为"系主任大会",难以发挥应有的作用。因此,要由教授民主选举产生学术委员会委员、主任、副主任,做到学术权力与行政权力相对分离。同时,校级学术委员会办公室独立设置,并保障其相应的办公条件。二是探索学术学部制,按照学科相近的原则,在若干个学院间组建学部。学部委员会作为相对超脱的学术组织,行使一定的学术权力。

三、深化学院制改革

　　前文的研究表明,院系权力大,意味着院系具有较大的办学自主权,有利于知识创新,而知识创新对大学创业又具有正向的显著影响。因此,强化院系权力,无疑对大学创业具有积极的意义。

　　因此,要深化学院制改革,对学院实行目标管理,赋予学院在人、财、物等方面的自主权,这既能调动学院的办学积极性,又能使学校行政管理的中心工作集中在宏观调控上,提升学校的整体办学实力和水平。一是下移管理重心。下放管理权力是下移管理重心的前提和基础,下移管理重心是下放管理权力的必然结果和根本目的。要以人、财、物等权力为重点,把人事管理、经费管理、教学管理、科技管理等权力下放到学院。在权力下放的过程中,要坚持责、权、利相对等的原则,明确权力下放的具体权限,避免权限模糊,难以操作,造成权力真空。二是实行目标管理。权力下放到学院后,学院成为相对独立的办学主体,学校如何对学院进行宏观调控和约束激励是一个新的课题。因此,必须转变管理方式,由过程管理转向目标管理。学院要根据学校的总体规划和决策部署,立足自身的现有条件和基础,提出学院领导班子的任期目标和年度计划,经学校批准后作组织实施。为了更好地对学院进行激励和约束,学校要根据学院的领导班子任期目标和年度计划,对各学院进行以相对排名为基础的质效评价,并按照各个学院在全校中的相对排名给予奖罚。三是转变机关职能。适应重心下移、目标管理的新形势,高校要适时推动校部机关机构改革,把校部机关的职能从管理为主转变到服务为主,从直接干预转变到宏观调控,打造服务型、调控型的校部机关。

四、推进人事制度改革

本书对斯坦福大学和沃里克大学的案例研究表明,外部治理促进了激励机制的形成,为大学创业提供了组织整合。特别是,在斯坦福大学,由于外部治理导致了教师收入的分化,调动了教师积极参与大学创业的积极性和主动性。因此,我们要通过推进人事制度改革,促进教学、科研和社会服务等承担主体的利益的激励相容,才能实现三大办学功能的有机结合、协调发展,并推动大学创业的有效开展。

人事制度在大学的发展过程中发挥着重要的导向作用,是对教职工群体进行激励或者反激励的重要手段。因此,要推进人事制度改革,通过教学利益、科研利益与服务社会利益以及行政管理利益的激励相容,最大限度地减少教职工的逆向选择和道德风险,从而实现办学功能的互动融合。一是要改革教师的学术评价制度。逐步取消职称评审制度,采取同行专家评议的方式,公正客观地衡量教师的学术水平。对于以教学为主的教师,要把教学质量和水平作为评价的重点,淡化论文的数量要求;对于以科研为主的教师,尤其是工科教师,要把科研成果和服务社会作为评价重点,促进科研与服务社会的有机结合。二是要改革教师的岗位聘任制度。高校设置关键岗位,首先要满足教学的需求,体现以人才培养为中心、促进三大功能协调发展的岗位功能。要强化教授给本科生上课的激励和约束,在岗位聘任中促进教授履行课程教学和实践教学任务。对于科研人员要改进考核方式和方法,改变论文的数量导向,提升高校科技创新和质量。要探索建立服务社会的科研岗位,调动科研人员投身经济社会发展的积极性,提高高校科技成果转化率和对经济社会发展的贡献率。三是推进教育职员制改革。推进教育职员制改革,加强高校管理队伍建设对于保障高校教学、科研和社会服务有效实现具有重要意义。通过职员制改革，既可以减少高校的"官本位"意识，也可以解决由于干部职数限制影响管理人员积极性发挥的问题，打造一支专心致意于服务师生的管理队伍。

五、加强管理队伍建设

推动大学创业，必须打造强有力的驾驭核心。大学管理队伍是大学行政权力的承担者，大学管理队伍，特别是大学领导班子的能力对于大学创业具有重要的影响。大学治理现代化，是治理体系现代化与治理能力现代化的有机统一，仅仅完善大学治理结构并不能实现大学治理的现代化。研究表明，大学内部的人际关系、中高层行政人员的领导力，对于大学能否实现有效治理至关重要。[261]

加强管理队伍建设，主要抓好领导班子建设、干部能力建设和激励约束机制建设这三个方面。第一，要加强大学领导班子能力建设。大学领导班子是大学治理能力的关键因素，大学领导班子的结构特征和领导力决定大学内部治理能力的高低。大学领导班子是大学治理的主要主体，是大学改革发展的引领者、组织者、推动者，领导班子及领导者的能力是高校治理能力重点，也是高校治理能力现代化的重点。[300]因此，建设一支什么样的干部队伍，如何建设这支干部队伍，始终是提高现代大学治理能力的中心课题。[301]大学领导班子的结构、素质和能力直接影响了大学治理的能力和水平。在宣勇等对全国"211 工程"大学的一项调查中，大学校长认为自己实际扮演教育家角色的仅有 66.2%，扮演政治家角色的仅有 12.9%；大学党委书记认为自己实际扮演教育家角色的仅有 52.3%，扮演政治家角色的仅有 42.3%。[302]这表明，传统的大学领导干部的遴选机制，已经面临严峻的挑战。因此，必须按照办教育的规律，改进大学领导班子的遴选标准和方式，真正选拔兼具政治家和教育家标准的大学领导班子。第二，以大学校院两级领导班子为重点，强化大学管理队伍的能力建设。大力增强法治意识和法治思维能力，推进依法治校、规范管理。加强对高等教育的学习研究，学习借鉴先进的办学理念和办学思想，注重顶层设计和战略规划，增强应对经济社会发展新需求的应变能力。第三，建立有效的激励约束机制，引导双肩挑的大学领导将时间精力投入大学管理工作。推进教育职员制，吸引优秀人才从事高等教育管理工作，从源头上提升大学管理队伍的整体素质。推进教育职员制改革，加强高校管理队伍建设对于保障高校教学、科研和社会服务有效实现具有重要意义。通过职员制改革，既可以减少高校的"官本位"意识,也可以解决由于干部职数限制影响管理人员积极性发挥的问题,打造一支专心致意于服务师生的管理队伍。

第四节　章程建设的法治化

大学创业是大学知识的商业化,需要与政府、社会建立紧密的联系。根据新制度经济学的研究,制度在社会经济发展中至关重要,制度创新决定技术创新。在不确定的条件下,大学创业只有在规范的制度框架下运作,才能保证大学的自我约束、自我管理和健康创业。因此,必须重视大学章程建设,依靠章程来明确大学与政府、社会的关系,来约束和规范大学的运作,保证大学创业的正确方向。因此,要推进大学章程建设法治化,固化高等教育改革创新的制度成果,促进制度红利的释放。

大学章程是指由大学举办者或大学自身依法制定并经国家批准的,规定大学名称、宗旨、组织机构等对内对外事务的基本法律文件。早在 1995 年颁布的《教育法》和 1998 年颁布的《高等教育法》,都明确要求高校应当制定大学章程。但是,由于各种原因,我国绝大多数的高校并没有按照法律的要求去制定和实施大学章程。当前,优化大学治理,建设中国特色的现代大学制度,就必须增强法治观念和法律意识,把优化大学治理的成果用大学章程的形式加以巩固。

一、彰显大学章程的契约功能

大学创业要求大学外部治理方面中政治干预的适度化。从我国目前实际看,政治干预的适度化关键在于办学自主权的落实。大学创业所必需的办学自主权如何落到实处,大学章程是一个重要的突破口。大学章程不应仅仅是大学内部的规章制度,更重要的是,大学章程必须成为政府与大学的契约。通过大学章程,政府明确高等教育法赋予高校办学自主权的边界,大学明确行使办学自主权所必须承担的自我管理、自我约束的承诺以及对国家和社会所应承担的责任。因此,大学章程不仅要对大学内部的政治权力、行政权力、学术权力和民主权力的关系加以理顺,而且也要依法对大学与举办者的关系加以明确,也这有助于优化大学内外部治理,提高大学办学质量。这样,大学章程虽然是大学内部的宪法,但由于经过国家立法机关批准,对外也具有一定的约束力。因此,大学章程的建设,必须要有具有立法主体资格的立法机关的介入与认可,改变当前大学章程属于校内规章制度的状况,使大学章程上升到法规层面,也能够对政府和政府主管部门有所约束,从法律上促进政治干预的适度化。为此,要按照相应的效力等级,把大学章程纳入法规规章制定的范畴,确保大学章程的合法性和科学性。

二、健全以大学章程为核心的大学治理体系

大学治理具有历史的重要性、演化的多样化、结果的非最优性等演化的特征,因此要注重大学治理体系的动态完善,及时巩固大学治理改革的成果,打破大学治理的路径依赖。一是大学章程要充分体现大学治理的价值逻辑。当前,我国大学治理现代化的价值逻辑就是以国家和公共利益为核心,促进各方利益的激励相容。国家利益与大学自主的激励相容、行政权力与学术权力的激励相容、学校与学院的激励相容都要有利于大学更好地适应社会的需求,从而推动大学创业的发展。二是大学章程要充分体现大学治理改革的成果。为推动大学创业,必须要变革大学治理,建立健全适应大学创业需要的治理体系和运行机制。这些改革的成果,要充分吸纳到大学章程中来。三是要坚持以国家法律法规、相关政策和省里的文件为依据,着力规范和优化大学内部治理结构和权力运行规则,充分反映广大教职员工和学生的意愿,保障依法治校、科学发展。总之,大学要以大学章程为根本,对大学内部的权力关系加以理顺,建立健全一整套具有本校特色、符合本校实际的规章制度,为大学创业和大学科学发展提供有力的制度支持和保障。

三、自觉维护大学章程的权威

对师生而言,通过大学章程,监督大学管理者是否依照大学章程管理大学事务,从而维护学校的整体利益和自身的合法权益;对社会而言,根据大学章程的有关规定,在一定范围内参与大学治理,实现社会监管与大学自治的博弈均衡。大学章程制定后,如果得不到严格的执行,还不如没有章程。因此,要加强宣传教育,建立健全内外部相结合的监督检查机制,确保大学章程得到有效实施,为大学的科学发展提供有力的制度保证。

第八章

研究结论与展望

本书围绕大学治理对大学创业的影响,在文献与理论研究的基础上,构建大学治理对大学创业的影响机理模型,对模型进行实证分析,并提出基于大学治理优化的我国大学创业提升的对策。

第一节　研究结论

通过理论研究、实证研究和对策研究,对大学治理对大学创业的影响进行探索,取得一些有价值的结论。主要有:

第一,对大学治理进行理论拓展和现状分析,主要提出了一些新的观点。其一,针对学界对大学行政权力与学术权力的争议,对行政权力和学术权力的概念加以界定,避免了在大学内部治理结构的测量中,由于概念重合带来的变量高度相关的问题。其二,在对大学治理本质属性分析和大学治理国际比较分析的基础上,提出大学治理具有历史的重要性、演化的多样化、结果的非最优性等演化的特征。这对于打破大学治理的路径依赖、优化大学治理具有重要意义。其三,提出大学治理现代化的价值逻辑,是以国家和公共利益为核心,促进各方利益的激励相容。其四,从马克思主义经济基础与上层建筑矛盾运动的视角,提出我国大学治理面临着高等教育多样性与教育行政集权化、学科发展动态性与大学治理封闭化、学术活动特殊性与科层管理僵硬化等激励不相容的多重矛盾,为优化大学治理提供了依据。

第二,从分析大学的功能与类型出发,对大学创业的特征与模式进行了理论探讨。在此基础上,把我国大学创业的类型分为基于办学战略定位的大学创业和基于办学功能拓展的大学创业,并分析了当前我国大学创业的现状与存在问题,为分析大学治理对大学创业影响以及提出对策奠定基础。

第三,以公司治理理论的最新研究成果——组织控制理论为主要框架,从决策控制、组织整合、资源承诺三个层面来探讨大学治理对大学创业的作用机制。组织控制理论视角的大学治理,是指为大学各项创新提供制度支持,从而实现对创新关键要素进行组织控制的制度体系,包括资源承诺、组织整合和决策控制。大学创业具有累积性、集体性和不确定性的特征,需要具有开发性、组织性和战略性的资源配置过程。因此,大学治理对大学创业能够产生根本性的影响作用,其中:决策控制起到导向作用,组织整合起到激励作用,资源承诺起到保障作用。为此,推动大学创业,必须加快推进大学治理现代化,以治理创新带动大学创业,更好服务国家创新驱动发展战略。

第三,通过定量研究,实证分析大学内部治理对大学创业的影响。首先,探索开发了大学内部治理结构的测量模型,并运用该测量模型对不同办学层次和办学规模的大学内部治理结构进行差异性分析。研究表明,包含行政权力、学术权力和院系权力三个因素的大学治理结构的测量模型,具有较好的拟合效果、较高的构思效度、构建信度、聚合效度、区分效度。其次,通过调查问卷,以我国 113 所大学的 132 份问卷为样本,用结构方程模型定量分析了大学内部治理结构对大学创业的影响。研究结果表明,在大学治理结构中,行政权力对大学创业具有正向的影响作用;行政权力、学术权力和院系权力对知识创新都具有正向的影响作用;知识创新在行政权力和大学创业中发挥部分中介作用。最后,以我国 86 所大学为样本,通过多元线性回归分析,研究大学领导班子结构特征对大学创业的影响。研究结果表明,大学领导班子规模对大学创业具有负向影响。

第四,通过案例研究,实证分析大学外部治理对大学创业的影响。以斯坦福大学和沃里克大学为例,从组织整合、资源承诺和决策控制的维度,实证检验了大学外部治理对大学创业的影响作用。研究表明,政治干预和社会参与对这两所大学的创业产生了重要的推动作用。

第五,提出基于提升大学创业的大学治理优化的对策建议。在探讨大学治理对大学创业影响的基础上,针对我国当前大学治理中存在的制约大学创业的因素,提出要通过政治干预的适度化、社会参与的组织化、内部治理的多元化、章程建设的法治化等方面,构建激励相容的大学治理,以大学治理现代化来促进大学创业。

第二节　研究局限性与展望

本书的研究，还存在一些不足，有待今后加以改进。

第一，对大学治理影响大学创业的实证研究，本书没有将外部治理和内部治理整合在一起，通过结构方程模型加以实证检验，而是分别通过案例实证检验和定量实证检验的方法来分析大学治理对大学创业的影响。因此，今后可以探索开发包含大学内外部治理的测量量表，来研究大学治理对大学创业的影响。同时，影响大学创业的治理因素，除了结构因素之外，实际上还有大学领导力等非结构的治理因素，今后还可引进非结构性治理因素，以提高研究结论的针对性和有效性。

第二，在研究大学内部治理对大学创业影响的实证分析中，把横向权力简化为行政权力与学术权力。但是，严格意义上的我国公立大学治理结构的横向权力关系，包括政治权力、行政权力、学术权力、民主权力四种权力关系。因此，今后，可以探索引进政治权力和民主权力这两个变量，使得大学内部治理结构的测量模型更加符合我国公立大学的实际。

第三，实证研究的样本量偏少。在大学内部治理影响大学创业的实证研究中，样本量只有 132 个，尽管能够满足结构方程模型的要求，但是样本量足够大时，检验效果会更加有说服力。在大学领导班子结构特征影响大学创业的实证研究中，由于数据很难获得，样本只有 86 个，大多数集中在"211"工程大学，今后可以扩大样本量。

参考文献

[1]BROUWER M. Entrepreneurship and University Licensing[J]. The Journal of Technology Transfer，2005，30(3)：263-270.

[2]GUERRERO M，Cunningham J A，Urbano D. Economic Impact of Entrepreneurial Universities' Activities：An Exploratory Study of the United Kingdom[J]. Research Policy，2015，44(3)：748-764.

[3]GRIMALDI R. Are Universities Entrepreneurial? [J]. Journal of Management & Governance，2005，9(3-4)：315-319.

[4]MOK K H. The Quest for an Entrepreneurial University in East Asia：Impact on Academics and Administrators in Higher Education[J]. Asia Pacific Education Review，2013，14(1)：11-22.

[5]朱家德. 从回应民主诉求到提高绩效：西方大学治理范式的发展演变[J]. 中国高教研究，2013(03)：62-66.

[6]诺斯. 制度、制度变迁与经济绩效[M]. 上海：格致出版社，2008.

[7]斯科特 W. 理查德，戴斯维 杰拉尔德 F. 组织理论——理性、自然与开放系统的视角[M]. 高俊山，译. 北京：中国人民大学出版社，2011.

[8]袁贵仁. 加快推进教育治理体系和治理能力现代化[J]. 人民论坛，2014(13)：10-13.

[9]辛西娅·休伊特·德·阿尔坎塔拉，黄语生. "治理"概念的运用与滥用[J]. 国际社会科学杂志(中文版)，1999(01)：105-113.

[10]俞可平. 治理与善治[M]. 北京：社会科学出版社，2000.

[11]吴慧平. 西方大学的共同治理[M]. 北京：北京师范大学出版社，2012.

[12]周新军. 企业管理与公司治理：边界确定及实践意义[J]. 中南财经政法大学学报，2007(05)：107-112.

[13]格里·斯托克，华夏风. 作为理论的治理：五个论点[J]. 国际社会科学杂志(中文版)，1999(01)：19-30.

[14]钱颖一. 企业的治理结构改革和融资结构改革[J]. 经济研究，1995(01)：20-29.

[15]何家成. 公司治理结构、机制与效率[N]. 学习时报,2004-4-10(4).

[16]孙爱萍. 公司治理结构与公司利益相关者理论问题研究[J]. 北京联合大学学报, 2003(02):54-57.

[17]奥沙利文. 公司治理百年——美国和德国公司治理演变[M]. 黄一义,谭晓青等, 译. 北京:人民邮电出版社,2007.

[18]CORSON J J. Governance of Colleges and Universities[M]. New York:McGraw-Hill, 1960.

[19]LESLIE D W. Legitimizing University Governance:Theory and Practice[J]. Higher Education,1975,4(2):233-246.

[20]张维迎. 大学的逻辑[M]. 北京:北京大学出版社,2004.

[21]朱家德. 权力的规制:大学章程的历史流变与当代形态[D]. 华中科技大学, 2011.

[22]李福华. 大学治理与大学管理:概念辨析与边界确定[J]. 北京师范大学学报(社会科学版),2008(04):19-25.

[23]赵成. 大学治理的含义及理论渊源[J]. 现代教育管理,2009(4):35-38.

[24]龚怡祖. 大学治理结构:建立大学变化中的力量平衡——从理论思考到政策行动 [J]. 高等教育研究,2010(12):49-55.

[25]祁占勇. 高等学校内部治理结构的完善与办学自主权的实现[J]. 陕西师范大学学报(哲学社会科学版),2010(04):21-26.

[26]张应强,蒋华林. 关于中国特色现代大学制度的理论认识[J]. 教育研究,2013 (11):35-43.

[27]De BOER H,GOEDEGEBUURE L. On Limitations and Consequences of Change :Dutch University Governance in Transition[J]. Tertiary Education and Management, 2001,7(2):163-180.

[28]BIRNBAUM R. The End of Shared Governance:Looking Ahead or Looking Back [J]. New Directions for Higher Education,2004,2004(127):5-22.

[29]WEICK K E. Educational Organizations as Loosely Coupled Systems[J]. Administrative Science Quarterly,1976,21(1):1-19.

[30]陈笃彬. 我国高校行政权力泛化的问题及其对策[J]. 教育科学,2001,17(4):54-56.

[31]秦惠民. 我国大学内部治理中的权力制衡与协调——对我国大学权力现象的解析[J]. 中国高教研究,2009(8):26-29.

[32]孙天华. 大学的科层组织特征及效率——对我国公立大学内部治理结构的分析 [J]. 河南社会科学,2004(05):17-20.

[33]朱浩,陈娟. 从美国大学治理的历史演进看我国大学的"去行政化"改革[J]. 湖北大学学报(哲学社会科学版),2012,39(6):138-143.

［34］许慧清. 大学外部治理视野中的社会监督［J］. 中国高教研究，2013(01)：82-85.

［35］杨朔镔. 利益相关者治理模式下的大学外部治理结构变革——以"U-G-S"为例［J］. 黑龙江高教研究，2014(06)：24-27.

［36］NORBACK L E. New Modes of Internal Governance ofHigher Education Institutions：The Case of Goteborg University［J］. Tertiary Education and Management，2000，6(1)：57-75.

［37］De BOER H，Goedegebuure L. On Limitations and Consequences of Change Dutch University Governance in Transition［J］. Tertiary Education and Management，2001，7(2)：163-180.

［38］JONES G A，Oleksiyenko A. The Internationalization of Canadian University Research：a Global Higher Education Matrix Analysis of Multi-level Governance［J］. Higher Education，2011，61(1)：41-57.

［39］方芳. 大学治理结构变迁中的权力冲突与平衡［J］. 当代教育科学，2012(3)：7-9.

［40］TROW M. Governance in the University of California：The Transformation of Politics into Administration［J］. Higher Education Policy，1998，11(2-3)：201-215.

［41］LOVE J Y. Faculty/university collaboration：Differential Perceptions of Shared Governance，Presidential Leadership Style and Decision-making at a Research University［D］. University of Houston，2005.

［42］REDMOND R W. Faculty Involvement in Shared Governance and Decision Making：A Case Study［D］. Morgan State University，2007.

［43］GALLOS J V. Reframing Shared Governance：Rediscovering the Soul of Campus Collaboration［J］. Journal of Management Inquiry，2009，18(2)：136-138.

［44］BLASE J，B J. Shared Governance Principals：The Inner Experience［J］. NASSP Bulletin，1999，83(606)：81-90.

［45］于文明. 深化我国公立高校内部治理结构改革的现实性选择——基于多元利益主体生成的视角［J］. 教育研究，2010(06)：67-72.

［46］苏守波，康兆庆. 利益相关者视角下的大学内部治理结构研究［J］. 黑龙江高教研究，2009(12)：5-7.

［47］樊怡敏. 实现领导干部治理能力现代化的两个关键节点［J］. 重庆行政(公共论坛)，2014(03)：26-27.

［48］龙献忠，周晶，董树军. 制度逻辑下的大学治理能力现代化探析［J］. 江苏高教，2015(03)：32-35.

［49］陈金圣. 重塑大学治理体系：大学治理能力现代化的实现路径［J］. 教育发展研究，2014(09)：20-26.

［50］余华. 高校治理体系完善与治理能力提升探析［J］. 湖南师范大学教育科学学报，2015(03)：58-62.

[51]别敦荣.治理体系和治理能力现代化与高等教育现代化的关系[J].中国高教研究，2015(01):29-33.

[52]何慧星，孙松.论高校治理体系和治理能力现代化[J].高等农业教育，2014(09):3-6.

[53]胡林岚.试论高校行政管理部门四种治理能力的提升[J].管理观察，2014(17):149-150.

[54]瞿振元.建设中国特色高等教育治理体系　推进治理能力现代化[J].中国高教研究，2014(01):1-4.

[55]徐艳国.关于教育治理体系和治理能力现代化建设的分析[J].中国高等教育，2014(17):53-55.

[56]宣勇，钟伟军.论我国大学治理能力现代化进程中的校长管理专业化[J].高等教育研究，2014(08):30-36.

[57]范德格拉夫 约翰.学术权力——七国高等教育管理体制比较[M]王承绪，译.杭州：浙江教育出版社，2001.

[58]甘永涛.英国大学治理结构的演变[J].高等教育研究，2007,28(9):88-92.

[59]史彩霞.强制性制度变迁的困境——对中国大学治理结构低效率的制度解读[J].复旦教育论坛，2006(05):50-56.

[60]李建奇.我国大学治理结构变迁的路径选择[J].高等教育研究，2009(05):39-44.

[61]钟云华，向林峰.中外大学治理结构变迁方式比较[J].现代教育管理，2010(02):110-113.

[62]李轶芳.论公办高校内部治理结构调整的路径依赖及超越[J].国家教育行政学院学报，2010(03):25-28.

[63]周光礼.大学治理模式变迁的制度逻辑——基于多伦多大学的个案研究[J].高等工程教育研究，2008(3).

[64]林强，姜彦福，张健.创业理论及其架构分析[J].经济研究，2001(09):85-94.

[65]SHANE S,Venkataraman S. The Promise of Entrepreneurship as a Field of Research[J]. The Academy of Management Review，2000,25(1):217-226.

[66]STEVENSON H H,Jarillo J C. A Paradigm of Entrepreneurship: Entrepreneurial Management[J]. Strategic Management Journal，1990,11(8):17-27.

[67]BRUYAT C,Julienb P A. Defining the Field of Research in Entrepreneurship[J]. Journal of Business Venturing，2001,16(2):165-180.

[68]MILLER D. The Correlates of Entrepreneurship in Three Types of Firms[J]Management Science,1983,29(7),770-791.

[69]MORRIS M H，Lewis P S，Sexton D L. Reconceptualizing Entrepreneurship: An Input-Output Perspective[J]. SAM Advanced Management Journal，1994,59(1):21.

[70]朱仁宏. 创业研究前沿理论探讨——定义、概念框架与研究边界[J]. 管理科学，2004(04):71-77.

[71]李力涛. 创业理论研究的整合框架[J]. 工业技术经济，2010(02):89-94.

[72]贝赞特约翰，蒂德乔. 创新与创业管理[M]. 牛芳，迟军等，译. 北京：机械工业出版社，2013.

[73]MAN T W Y. The Competitiveness of Small and Medium Enterprises: A Conceptualization With Focus on Entrepreneurial Competencies[J]. Journal of Business Venturing，2002，17(2):123-142.

[74]KIRZNER I M. Entrepreneurial Discovery and the Competitive Market Process: An Austrian Approach[J]. Journal of Economic Literature，1997，35(1):60-85.

[75]方世建，秦正云. 创业过程中的企业家机会发现研究[J]. 外国经济与管理，2006(12):18-24.

[76]UCBASARAN D，WESTHEAD P，WRIGHT M. The Focus of Entrepreneurial Research: Contextual and Process Issues[J]. Entrepreneurship: Theory and Practice，2001，25(4):57-80.

[77]WERNERFELT B. A Resource-Based View of the Firm[J]. Strategic Management Journal，1984，5(2):171-180.

[78]BARNEY J. Firm Resaurces and sustained Competitive Advantage[J]. Journal of Management，1991，17(1):99-120.

[79]林嵩，张帏，林强. 高科技创业企业资源整合模式研究[J]. 科学学与科学技术管理，2005(03):143-147.

[80]ELFRING T，HULSINK W. Networks in Entrepreneurship: the Case of High-technology Firms[J]. Small Business Economics，2003，21(4):409-422.

[81]GARTNER W B. A Conceptual Framework for Describing the Phenomenon of New Venture Creation[J]. The Academy of Management review，1985，10(4):696-706.

[82]刘霞. 新企业创业要素体系的构建研究[J]. 科技管理研究，2010(18):255-257.

[83]ABREU M，GRINEVICH V. The Nature of Academic Entrepreneurship in the UK: Widening the Focus on Entrepreneurial Activities[J]. Research Policy，2013，42(2):408-422.

[84]MARS M M，RIOS-AGUILAR C. Academic Entrepreneurship (Re)Defined: Significance and Implications for the Scholarship of Higher Education[J]. Higher Education，2010，59(4):441-460.

[85]GRIMALDI R，KENNEY M，Siegel D S，et al. 30 Years After Bayh‐Dole: Reassessing Academic Entrepreneurship[J]. Research Policy，2011，40(8):1045-1057.

[86]JAIN S，GEORGE G，MALTARICH M. Academics or Entrepreneurs? Investigating Role Identity Modification of University Scientists Involved in Commercialization

Activity[J]. Research Policy，2009，38(6)：922-935.

[87]ETZKOWITZ H. Research Groups as"Quasi-Firms"：the Invention of the Entrepreneurial University[J]. Research policy，2003，32(1)：109-121.

[88]ANTONCIC B，HISRICH R D. Intrapreneurship：Construct Refinement and Cross-Cultural Validation[J]. Journal of Business Venturing，2001，16(5)：495-527.

[89]马志强. 创业型大学崛起的归因分析[J]. 江西教育科研，2006(7)：48-51.

[90]刘永芳，刘凤云. 创业型大学视角下的高校技术转移模式、影响要素与策略[J]. 教育与职业，2014(35)：25-27.

[91]庞青山，徐科峰. 高校科技成果转化的阻滞因素及对策研究[J]. 研究与发展管理，2003(03)：89-93.

[92]李瑞丽. 制度创新助推大学科研创新：创业型大学的启示[J]. 江苏高教，2014(01)：98-99.

[93]郑炳章，朱燕空. 基于环境视角的创业研究框架构建[J]. 商业时代，2009(22)：41-65.

[94]KLOFSTEN M，JONES-EVANS D. Comparing Academic Entrepreneurship in Europe：the Case of Sweden and Ireland[J]. Small Business Economics，2000，14(4)：299-309.

[95]孙福全. 促进技术转移是政府的重要职责[J]. 高科技与产业化，2011(11)：24-27.

[96]SHANE S. Encouraging University Entrepreneurship? The Effect of the Bayh-Dole Act on University Patenting in the United States[J]. Journal of Business Venturing，2004，19(1)：127-151.

[97]XU Z，PARRY M E，SONG M. The Impact of Technology Transfer Office Characteristics on University Invention Disclosure[J]. IEEE Transactions on Engineering Management，2011，58(2)：212-227.

[98]VAN LOOY B，RANGA M，CALLAERT J，et al. Combining Entrepreneurial and Scientific Performance in Academia：Towards a Compounded and Reciprocal Matthew-effect？[J]. Research Policy，2004，33(3)：425-441.

[99]于春廉. 澳大利亚大学技术转让与商业化的主要做法[J]. 全球科技经济瞭望，2000(10)：20-21.

[100]陈寒松，张文玺. 创业模式与企业组织的创新[J]. 山东大学学报(哲学社会科学版)，2005(04)：116-121.

[101]CARLSSON B，FRIDH A. Technology Transfer in United States Universities[J]. Journal of Evolutionary Economics，2002，12(1)：199-232.

[102]POWERS J B，MCDOUGALL P. Policy Orientation Effects on Performance With Licensing to Start-ups and Small Companies[J]. Research Policy，2005，34(7)：1028-

1042.

[103]ANDERSON G. Mapping Academic Resistance in the Managerial University[J]. Organization，2008,15(2):251-270.

[104]伯顿 克拉克. 建立创业型大学:组织上转型的途径[M]. 王承绪，译. 北京:人民教育出版社，2003.

[105]高明. 斯坦福大学——美国研究型大学向创业型大学转型的典范[J]. 当代教育科学，2011(19):38-40.

[106]付八军. 创业型大学研究述评[J]. 黑龙江高教研究，2012,30(7):4-8.

[107]SCHULTE P. The Entrepreneurial University:a Strategy for Institutional Development[J]. Higher Education in Europe，2004,29(2):187-191.

[108]陈笃彬，李坤皇. 三螺旋视角下的创业型大学发展范式——以莫纳什大学为例[J]. 科技管理研究，2014,34(4).

[109]邹晓东，陈汉聪. 创业型大学:概念内涵、组织特征与实践路径[J]. 高等工程教育研究，2011(03):54-59.

[110]宋东林，付丙海，唐恒. 创业型大学的创业能力评价指标体系构建[J]. 科技进步与对策，2011,28(9):116-119.

[111]王雁，李晓强. 创业型大学的典型特征和基本标准[J]. 科学学研究，2011,29(2):175-180.

[112]亨利·埃茨科维茨. 三螺旋——大学产业政府三元一体的创新战略[M]. 周春彦，译. 北京:东方出版社，2005.

[113]VESTERGAARD J. The Entrepreneurial University Revisited:Conflicts and the Importance of Role Separation[J]. Social Epistemology，2007,21(1):41-54.

[114]SIEGEL D S，WRIGHT M，LOCKETT A. The Rise of Entrepreneurial Activity at Universities:Organizational and Societal Implications[J]. Industrial and Corporate Change，2007,16(4):489-504.

[115]周春彦，李海波，李星洲，等. 国内外三螺旋研究的理论前沿与实践探索[J]. 科学与管理，2011(04):21-27.

[116]杨建君，吴春鹏. 公司治理结构对企业技术创新选择的影响[J]. 西安交通大学学报(社会科学版)，2007(01):34-38.

[117]LEHRER M，TYLECOTE A. Corporate Governance，Innovation，Systems and Industrial Performance[J]. Industry and Innovation，1999,6(1):25-50.

[118]ZAHRA S A，NEUBAUM D O，Huse M. Entrepreneurship in Medium-size Companies:Exploring the Effects of Ownership and Governance Systems[J]. Journal of Management，2000,26(5):947-976.

[119]MADDEN G，SAVAGEB S J. Telecommunications productivity，catch-up and innovation[J]. Telecommunications Policy，1999,23(1):65-81.

[120]VERDU-JOVER A，LLORENS-MONTES J，GARCIA-MORALES V. Flexibility，Fit and Innovative Capacity：an Empirical Examination[J]. International Journal of Technology Management，2005,30(1-2)：131-146.

[121]许庆瑞,刘景江,赵晓庆. 技术创新的组合及其与组织、文化的集成[J]. 科研管理，2002(06)：38-44.

[122]MCCORMICK R E，MEINERS R E.University Governance：A Property Rights Perspective[J]. Journal of Law and Economics，1988,31(2)：423-443.

[123]BROWN W. Faculty Participation in University Governance and the Effects on University Performance[J]. Journal of Economic Behavior and Organization，2001,44(2)：129-143.

[124]VILLARREAL E. Innovation，Organisation and Governance in Spanish Universities[J]. Tertiary Education and Management，2001,7(2)：181-195.

[125]KEZAR A. What is More Important to Effective Governance：Relationships，Trust，and Leadership，or Structures and Formal Processes? [J]. New Directions for Higher Education，2004,2004(127)：35-46.

[126]肖静. 基于组织效率的大学权力结构研究[D]. 武汉理工大学，2009.

[127]王世全、李维安. 大学治理[M]. 北京：机械工业出版社，2013.

[128]古继宝，张颖，苗利博. 大学权力治理结构对人才培养和科学研究的影响[J]. 中国高等教育评估，2010(1)：30-34.

[129]郎益夫,刘希宋. 未来高等学校绩效的超产权理论模型[J]. 哈尔滨工程大学学报，2001(06)：108-111.

[130]KAPLAN G E. Do Governance Structures Matter? [J]. New Directions for Higher Education，2004,2004(127)：23-34.

[131]S. 洛温 丽贝卡. 创建冷战大学：斯坦福大学的转型[M]. 北京：清华大学出版社，2007.

[132]YOKOYAMA K. Entrepreneurialism in Japanese and UK Universities：Governance，Management，Leadership，and Funding[J]. Higher Education，2006,52(3)：523-555.

[133]JONES G A，Shanahan T，Goyan P. Traditional Governance Structures - Current Policy Pressures：The Academic Senate and Canadian Universities[J]. Tertiary Education and Management，2002,8(1)：29-45.

[134]刘永芳,龚放. 打造"学科尖塔"：创业型大学治理模式的创新及其启示[J]. 中国高教研究，2014(10)：32-36.

[135]陈娴. 新兴创业型大学的外部治理模式——以韩国浦项科技大学为例[J]. 现代教育论丛，2015(01)：48-53.

[136]陈娴. 新兴创业型大学治理模式研究——以香港科技大学为例[J]. 世界教育信

息，2015(03):66-71.

[137]陈培杰.治理视野下大学创业教育管理的问题及对策[D].南京理工大学，2013.

[138]VAN LOOY B，LANDONI P，CALLAERT J，et al. Entrepreneurial Effective-ness of European Universities：An Empirical Assessment of Antecedents and Trade-offs [J]. Research Policy，2011，40(4):553-564.

[139]刘向东，陈英霞.大学治理结构剖析[J].中国软科学，2007(7):97-104.

[140]李海萍.大学学术权力现状研究[D].湖南师范大学，2010.

[141]帕森斯.现代社会的结构与过程[M].梁向阳，译.北京：光明日报出版社，1988.

[142]EMERSON R M. Power-Dependence Relations[J]. American Sociological Re-view，1962，27:31-40.

[143]周光礼.重构高校治理结构:协调行政权力与学术权力[J].中国高等教育，2005 (19):8-9.

[144]吕埃格.欧洲大学史.第1卷.中世纪大学[M].张贤斌等，译.保定：河北大学出版社，2008.

[145]赵成.治理视角下的大学制度研究[D].天津大学，2005.

[146]李从浩.中国大学行政权力的合法性研究[D].华中科技大学，2014.

[147]谢安邦，阎光才.高校的权力结构与权力结构的调整——对我国高校管理体制改革方向的探索[J].高等教育研究，1998(02):23-27.

[148]别敦荣.学术管理、学术权力等概念释义[J].清华大学教育研究，2000(02):44-47.

[149]张德祥.高等学校的学术权力与行政权力[M].南京：南京师范大学出版社，1997.

[150]李立国.学术权力的特征与运行机制[J].学术界，2004(1):187-192.

[151]谢俊.大学的学术自由及其限度[D].西南大学，2010.

[152]周光礼.问题重估与理论重构——大学"学术权力"与"行政权力"二元对立质疑 [J].现代大学教育，2004(04):31-35.

[153]徐小洲，张剑.我国大学行政权力分配中的问题与改革策略[J].高等教育研究，2004，25(3):35-39.

[154]陈权.当代中国公立高校内部权力结构及运行机制研究[D].吉林大学，2011.

[155]赵俊芳.论大学学术权力[D].吉林大学，2006.

[156]蒋洪池.美国大学学术权力与行政权力冲突的案例探析[J].现代大学教育，2010(04).

[157]刘恩允.治理理论视阈下的我国大学院系治理研究[D].苏州大学，2014.

[158]祝建兵.普通高校二级管理模式运行中权力让渡思考[J].学术探索，2007(06):

137-141.

[159]宜勇. 大学组织结构研究[D]. 华东师范大学，2004.

[160]杨如安. 知识管理视角下的大学学院制改革研究[D]. 西南大学，2007.

[161]黄福涛. 外国高等教育史[M]. 上海：上海教育出版社，2008.

[162]张圣祺. 治理理论视域下我国政府与大学关系研究[D]. 吉林大学，2012.

[163]CLARK B R，NEAVE G. The International Encyclopedia of Higher Education [M]. Oxford New York：Pergamon Press，1992.

[164]FRAZER M. Report on the Modalities of External Evaluation of Higher Education in Europe：1995 - 1997[J]. Higher Education in Europe，1997,22(3)：349-401.

[165]BERDAHL R. Academic Freedom，Autonomy and Accountability in British Universities[J]. Studies in Higher Education，1990,15(2)：169-180.

[166]范如国. 制度演化及其复杂性[M].北京：科学出版社，2011.

[167]贺国庆，王保星等. 外国高等教育史[M].北京：人民教育出版社，2006.

[168]埃伦伯格. 罗纳德. G 主编. 美国的大学治理[G]. 北京：北京大学出版社，2010.

[169]FERLIE E，MUSSELIN C，ANDRESANI G. The Steering of Higher Education Systems：a Public Management Perspective[J]. Higher Education，2008,56(3)：325-348.

[170]卢现祥，朱巧玲主编. 新制度经济学[M]. 北京：北京大学出版社，2007.

[171]甘永涛. 大学治理结构的三种国际模式[J]. 高等工程教育研究，2007(02)：72-76.

[172]王晓辉. 法国大学治理模式探析[J]. 比较教育研究，2014(07)：6-11.

[173]王晓辉. 双重集权体制下的法国大学自治[J]. 比较教育研究，2009(09)：53-58.

[174]马陆亭，李晓红，刘伯权. 德国高等教育的制度特点[J]. 教育研究，2002(10)：77-82.

[175]孙进. 政府放权与高校自治——德国高等教育管理的新公共管理改革[J]. 现代大学教育，2014(02)：36-43.

[176]沈波，许为民. 学术评议会：大学学术权力的制度保障与借鉴——以德国大学为例的分析[J]. 中国高教研究，2012(07)：60-64.

[177]孔捷. 德国大学学术组织的演变与改革[J]. 南京理工大学学报(社会科学版)，2008(05)：102-105.

[178]焦笑南. 美国、英国、澳大利亚的大学治理及对我们的启示[J]. 中国高教研究，2005(01)：52-54.

[179]王建梁. 大学自治与政府干预：英国大学—政府关系的变迁历程[J]. 清华大学教育研究，2005(06)：16-19.

[180]彭虹斌. 西方五国大学自治的演变及特征[J]. 湘潭师范学院学报(社会科学版)，2002(04)：103-108.

[181]基斯克科恩. 美国高等教育的历程[M]. 北京：教育科学出版社，2012.

[182]张应强. 新中国大学制度建设的艰难选择[J]. 清华大学教育研究,2012(06):25-35.

[183]HUISMAN J,MORPHEW C C. Centralization and Diversity:Evaluating the Effects of Government Policies in U.S.A. and Dutch Higher Education[J]. Higher Education Policy,1998,11(1):3-13.

[184]王义遒. 建设高等教育强国的关键是多样化[J]. 中国高教研究,2010(04):3-7.

[185]潘懋元. 高校办学应避免同质化[N]. 中国教育报,2011-07-30.

[186]张德祥,朱艳. 基于制度视角的大学组织发展同质化研究[J]. 教育科学,2011(06):61-65.

[187]蒋凯. 美国高等教育多样性探析[J]. 比较教育研究,2002(S1):117-123.

[188]邓周平,钱志发. 21世纪中国高等教育制度的价值取向与操作设计[J]. 清华大学教育研究,2001(02):87-94.

[189]ARVANITIS S,KUBLI U,WOERTER M. University-Industry Knowledge and Technology Transfer in Switzerland:What University Scientists Think About Co-Operation With Private Enterprises[J]. Research Policy,2008,37(10):1865-1883.

[190]肖凤翔,陈玺名. 学科发展机理探析[J]. 学位与研究生教育,2009(11):44-48.

[191]杜玉波. 高等教育要更加适应经济社会发展需要[N]. 中国教育报,2014-07-24.

[192]胡赤弟,黄志兵. 知识形态视角下高校学科—专业—产业链的组织化治理[J]. 教育研究,2013(01):76-83.

[193]迈克尔·斯科尔尼克,查强. 关于专业评估和知识遵从的批判研究[J]. 北京大学教育评论,2004(02):23-32.

[194]DEEM R. New Managerialism and Higher Education:The Management of Performances and Cultures in Universities in the United Kingdom[J]. International Studies in Sociology of Education,1998,8:48-63.

[195]TAYLOR M. Shared Governance in the Modern University[J]. Higher Education Quarterly,2013,67(1):80-94.

[196]李从浩. 中国大学行政权力的合法性限度[J]. 高等教育研究,2012(05):16-21.

[197]马廷奇. 大学管理的科层化及其实践困境[J]. 清华大学教育研究,2006(01):33-38.

[198]眭依凡. 大学的使命与责任[M]. 北京:教育科学出版社,2007.

[199]潘懋元,吴玫. 高等学校分类与定位问题[J]. 复旦教育论坛,2003(03):5-9.

[200]刘少雪,刘念才. 我国普通高校的分类标准与分类管理[J]. 高等教育研究,2005(07):40-44.

[201]武书连. 再探大学分类[J]. 科学学与科学技术管理,2002(10):26-30.

[202]王战军. 什么是研究型大学——中国研究型大学建设基本问题研究(一)[J]. 学位与研究生教育,2003(01):9-11.

[203]王雁，孔寒冰，王沛民. 创业型大学:研究型大学的挑战和机遇[J]. 高等教育研究，2003(03):52-56.

[204]严志勇，陈晓剑，吴开亚. 高技术小企业技术创业模式及其识别方式[J]. 科研管理，2003(04):71-75.

[205]吴新年，田晓阳. 现代技术咨询业及其发展动向研究[J]. 情报探索，1996(01):14-16.

[206]尚智丛，张真芳. 科技政策咨询的产生、本质和作用[J]. 自然辩证法研究，2008(03):84-87.

[207]杨艳玲."贝—多法案"与美国大学技术转让[J]. 国家教育行政学院学报，2004(01):7-11.

[208]江山，张杰军，赵捷. 中英高校知识产权政策与技术转让比较研究[J]. 科技管理研究，2011(12):141-145.

[209]康晓伟，何海燕，张萌. 高校学科性公司产学研用创新过程研究[J]. 科技进步与对策，2013(16):15-19.

[210]BERCOVITZ J，F M. Entpreprenerial Universities and Technology Transfer：A Conceptual Framework for Understanding Knowledge-Based Economic Development[J]. The Journal of Technology Transfer，2006,31(1):175-188.

[211]黄亲国. 大学科技园的组织特性及功能分析[J]. 研究与发展管理，2007(03):113-118.

[212]ANDERSON T R，DAIM T U，LAVOIE F F. Measuring the Efficiency of University Technology Transfer[J]Technovation,2007,27(5):306-318.

[213]郄海霞. 美国研究型大学对城市经济和产业的贡献[J]. 清华大学教育研究，2007(06):70-79.

[214]胡建勇，许继琴，张利洪. 高校对我国科技创新活动及创新产出的贡献[J]. 科技管理研究，2010(05):76-78.

[215]STEFFENSEN M，ROGERS E M，SPEAKMAN K. Spin-Offs From Research centers at a Research University[J].Journal of Business Venturing,2000,15(1):93-111.

[216]教育部. 高等学校校办企业统计概要公告[EB/OL]. http://www.moe.edu.cn/publicfiles/business/htmlfiles/moe/s5972/201412/182627.html.

[217]科学技术部火炬高技术产业开发中心. 2013年国家大学科技园主要经济指标[EB/OL].http://www.chinatorch.gov.cn/kjb/tjnb/201501/12e62ce12aa744f4bb356ab51302222a.shtml.

[218]范巍，王重鸣. 创业意向维度结构的验证性因素分析[J]. 人类工效学，2006(01):14-16.

[219]KRUEGER N. The Impact of Prior Entrepreneurial Exposure on Perceptions of New Venture Eeasibility and Desirability[J]. Entrepreneurship Theory and Practice，1993，18(1):5-21.

[220]冯潮华,叶琪.福建省科技成果转化的现状及其发展策略[J].东南学术,2013(01):72-79.

[221]冯飞.高校如何盘活专利运用这盘棋?[N].中国知识产权报,2015-5-13(6)

[222]许坤.我国高校专利产出现状、问题以及对策[D].中南大学,2014.

[223]申纪云.高校科技成果转化现状分析与对策[J].中国高校科技,2012(10):4-6.

[224]吴铎思.大量专利"沉睡"面临成废纸尴尬[N].工人日报,2014-9-23(4).

[225]范立双.高校科研成果转化存在的问题及对策分析[J].中国高等教育,2007(Z1):54-56.

[226]龚完全,熊正德.高校科技成果转化问题分析与改革思路[J].科技管理研究,2006(12):129-131.

[227]彭炳华.高校科技成果转化现状及对策研究[D].中南大学,2009.

[228]埃兹科维兹亨利.麻省理工学院与创业科学的兴起[M].王孙禹等,译.北京:清华大学出版社,2007.

[229]FELDMAN M P,KELLEY M R.The Ex ante Assessment of Knowledge Spillovers:Government R&D Policy,Economic Incentives and Private Firm Behavior[J].Research Policy,2006,35(10):1509-1521.

[230]原长弘,高金燕,孙会娟.地方政府支持与区域市场需求规模不确定性对高校技术转移效率的影响——来自中国"211"工程大学的证据[J].研究与发展管理,2013(03):10-17.

[231]王森.德国政府支持大学创业——EXIST计划概要[J].全球科技经济瞭望,2002(03):30.

[232]张立.高校治理中的社会参与研究[D].湖南大学,2010.

[233]邵景波,张立新.美日政府在高校技术转移中的作用比较[J].哈尔滨工业大学学报(社会科学版),2003(04):62-67.

[234]龚怡祖.大学治理结构:现代大学制度的基石[J].教育研究,2009(06):22-26.

[235]董泽芳,岳奎.完善大学治理结构的思考与建议[J].高等教育研究,2012(1):44-50.

[236]魏海苓.论大学治理的现代性与后现代性[J].高等教育研究,2005(03):23-27.

[237]熊庆年,代林利.大学治理结构的历史演进与文化变异[J].高教探索,2006(1):40-43.

[238]刘献君.论大学内部权力的制约机制[J].高等教育研究,2012(03):1-10.

[239]CLARK B R.Delineating the Character of the Entrepreneurial University[J].Higher Education Policy,2004,17:355-370.

[240]韩真,张春满.在全球化环境下重新定义和测量权力[J].社会科学,2014(6):3-12.

[241]马剑虹,王重鸣,Heller F A.组织决策的影响力分布特征及中英比较[J].应用

心理学，1996(1):23-29.

[242]邱皓政，林碧芬. 结构方程模型的原理与应用[M]. 北京：中国轻工业出版社，2012.

[243]MORARU L. The Romanian Modern University in the Frame of the Academic Profession and Governance[J]. Procedia - Social and Behavioral Sciences，2012,69:79-88.

[244]胡仁东. 我国大学组织内部治理的两个考察向度[J]. 中国高教研究，2009(08):39-41.

[245]CHRISTOPHER J. Tension Between the Corporate and Collegial Cultures of Australian Public Universities：The Current Status[J]. Critical Perspectives on Accounting，2012,23(7-8):556-571.

[246]陈洪捷. 学术创新与大学的科层制管理[J]. 北京大学教育评论，2012(03):2.

[247]KALAR B，ANTONCIC B. The Entrepreneurial University，Academic Activities and Technology and Knowledge Transfer in Four European Countries[J]. Technovation，2015,36-37:1-11.

[248]刘永芳，龚放. 创业型大学的生成机制、价值重构与途径选择[J]. 高等教育研究，2012(10):95-101.

[249]潘懋元. 多学科观点的高等教育研究[M]. 上海：上海教育出版社，2001.

[250]MEYER M. Does Science Push Technology?：Patents Citing Scientific Literature[J]. Research Policy，2000,29(3):409-434.

[251]中山大学管理学院课题组，辛宇，徐莉萍 等. 控股股东性质与公司治理结构安排——来自珠江三角洲地区非上市公司的经验证据[J]. 管理世界，2008(06):118-126.

[252]张先治，戴文涛. 公司治理结构对内部控制影响程度的实证分析[J]. 财经问题研究，2010(7):89-95.

[253]常涛，韩牛牛. 促进创新绩效的网络组织治理研究[J]. 科技管理研究，2012,32(22):17-22.

[254]王雁，李晓强. 创业型大学的典型特征和基本标准[J]. 科学学研究，2011,29(2):175-180.

[255]王永杰，陈家宏，陈光，等. 研究型大学在知识创新中的地位和作用[J]. 科学学研究，2000(02):42-49.

[256]孟浩，王艳慧. 基于突变评价法的研究型大学知识创新综合评价[J]. 运筹与管理，2008(03):80-87.

[257]侯杰泰，温忠麟，成子娟. 结构方程模型及其应用[M]. 北京：教育科学出版社，2004.

[258]罗胜强，姜嬿. 管理学问卷调查研究方法[M]. 重庆：重庆大学出版社，2014.

[259]BARON R M，KENNY D A. The Moderator-Mediator Variable Distinction in Social Psychological Research：Conceptual ，Strategic，and Statistical Considerations[J].

Journal of Personality and Social Psychology，1986,51(6):1173-1182.

[260]HAYES A F. Beyond Baron and Kenny:Statistical Mediation Analysis in the New Millennium[J]. Communication Monographs，2009,76(4):408-420.

[261]顾建民，刘爱生.超越大学治理结构——关于大学实现有效治理的思考[J]. 高等教育研究，2011(09):25-29.

[262]蓝劲松.美国研究型大学校长之学术背景——对23所美国著名高校校长教育背景与工作背景的分析[J]. 中国高教研究，2004(12).

[263]尚冠军，郭俊，李凯.中国大学校长职业背景研究——以115所"211"大学校长为例[J]. 教育学术月刊，2011(11):6-9.

[264]张光进，王鑫.中美大学校长群体特征的比较分析及启示[J]. 复旦教育论坛，2007,5(4).

[265]樊建芳，张炜，黄琳.组织行为学[M].杭州:浙江大学出版社，2009.

[266]LIPTON M，LORSCH J W. A Modest Proposal for Improved Corporate Governance[J]. The Business Lawyer，1992,48(1):59-77.

[267]郭俊，孙钰，黄鑫.中国大学校长教育学术背景研究——以115所"211工程"大学校长为例[J]. 中国高教研究，2012(08):24-29.

[268]全守杰，朱玉山.建设高等教育强省进程中的大学校长背景特征——基于江苏本科院校的研究[J]. 国家教育行政学院学报，2014(7).

[269]任之光，张志旻.创业型大学发展范式:阿尔托大学的实践与启示[J]. 高等教育研究，2012(06):101-106.

[270]燕凌，洪成文.新加坡南洋理工大学的成功崛起——"创业型大学"战略的实施[J]. 高等教育研究，2007,28(2):97-102.

[271]艾瑞深中国校友会网. 2015 中国大学排行榜 700 强[EB/OL].[2015-8-19]. http://www.cuaa.net/cur/2015/index_700.

[272]宋东林，付丙海，唐恒.创业型大学的创业能力评价指标体系构建[J].科技进步与对策，2011,28(9):116-119.

[273]马克思，恩格斯.马克思恩格斯选集(第四卷)[M]. 北京:人民出版社，1972.

[274]PLATT J. "Case Study" in American Methodological Thought[J]. Current Sociology，1992,40(1):17-48.

[275]殷 罗伯特·K. 案例研究:设计与方法[M]. 重庆:重庆大学出版社，2010.

[276]徐淑英，蔡洪滨.《管理科学季刊》最佳论文集萃(第二辑)[M]. 北京:北京大学出版社，2012.

[277]陈春花，刘祯.案例研究的基本方法——对经典文献的综述[J]. 管理案例研究与评论，2010(02):175-182.

[278]陈晓萍，徐淑英.组织与管理研究的实证方法[M]. 北京:北京大学出版社，2012.

[279]吕力. 苛责式领导及其组织绩效——对《史蒂夫·乔布斯传》的扎根研究[J]. 管理案例研究与评论,2013(05):357-368.

[280]伯顿 克拉克. 大学的持续变革——创业型大学新案例和新概念[M]. 王承绪,译. 北京:人民教育出版社,2008.

[281]赵丹丹. 斯坦福大学技术许可办公室运转机制的研究[D]. 首都师范大学,2014.

[282]李小丽. 三螺旋模式下大学技术转移组织构建研究[D]. 华中科技大学,2013.

[283]陈霞玲,马陆亭. MIT与沃里克大学:创业型大学运行模式的比较与启示[J]. 高等工程教育研究,2012(02):113-120.

[284]王璐,尤锐. 评估与竞争:英国高校科研拨款的基础与原则[J]. 外国教育研究,2008(02):65-69.

[285]国家教育发展与政策研究中心. 发达国家教育改革的动向与趋势(第二集)[M]. 北京:人民教育出版社,1987.

[286]希拉·斯劳特,拉里·莱斯利. 学术资本主义:政治、政策和创业型大学[M]. 北京:北京大学出版社,2008.

[287]吕达,周满生. 当代外国教育改革著名文献(英国卷 第一册)[M]. 北京:人民教育出版社,2004.

[288]University Of Warwick. People[EB/OL].[2015-8-11]. http://www2.warwick.ac.uk/about/profile/people/.

[289]University Of Warwick. Finance[EB/OL].[2015-8-11]. http://www2.warwick.ac.uk/services/finance/.

[290]MACE J. The RAE and University Efficiency[J]. Higher Education Review,2000,32(2):17-35.

[291]BRINN T,JONES M J,Pendlebury M.The Impact of Research Assessment Exercises on UK Accounting and Finance Faculty[J]. British Accounting Review,2001,33(3):333-355.

[292]顾丽娜,程刚,高峰 等. 英国RAE对我国学科评估的启示[J]. 教育探索,2007(11):48-49.

[293]徐继宁. 英国传统大学与工业关系发展研究[D]. 苏州大学,2011.

[294]倪小敏,张玲玲,钱昌吉,等. 英国高校与产业界互动机制的形成及其启示[J]. 现代教育科学,2008(11):149-152.

[295]高明. 英美创业型大学管理模式比较及启示[D]. 东北大学,2012.

[296]崔艳丽. 20世纪80年代以来英国高等教育治理研究[D]. 南京师范大学,2014.

[297]万萍. 沃里克大学治理结构的有效性研究[D]. 中南大学,2010.

[298]王琳琳. 我国高校治理中社会参与的问题与对策研究[D]. 东北大学,2012.

[299]唐阳. 运用风险投资推动高校科研成果转化的有效机制研究[D]. 南京大学,

2012.

[300]王秉琦.教育理念现代化是高校治理现代化的前提[J].教育与职业,2015(04):44.

[301]王建华,郑南宁.加强领导班子建设　提升现代大学治理能力[J].中国高等教育,2005(01):18-19.

[302]宣勇.治理视野中的我国大学校长管理专业化[J].中国高教研究,2015(01):26-28.

附　录

大学内部治理结构影响大学创业的调查问卷

尊敬的各位领导、老师:

您好! 首先,非常感谢您在百忙之中拨冗填写这份问卷。这份问卷是为完成国家自然科学基金项目和福州大学科技发展基金教育管理专项重点课题而设计的。问卷采用匿名形式,有关评价没有对错之分,完全凭您的真实感受。您填写的任何内容,都严格保密,仅用于学术研究之用。完成问卷大约需要花费您宝贵的 5 分钟,衷心感谢您的大力支持!

1.与同类高校平均水平相比,近三年来贵校的办学情况(请在最符合实际情况处打"√")	很低	较低	等于	较高	很高
(1)高层次人才数					
(2)国家级和省部级科研经费数					
(3)发表高水平论文数					
(4)学校横向科研课题经费数					
(5)专利转让收入					
(6)对区域产业发展贡献					

2.贵校党委和行政在下列事项的影响力(请在最符合实际情况处打"√")	没有影响力	很小影响力	中等影响力	较大影响力	很大影响力
(1)学校中长期发展规划					
(2)基建与财务					
(3)学校机构设置与中层干部遴选					
(4)教职工收入分配					

3.贵校学术组织和教师在下列事项的影响力(请在最符合实际情况处打"√")	没有影响力	很小影响力	中等影响力	较大影响力	很大影响力
(1)校学术委员会成员遴选					
(2)教师聘任与职称评聘					
(3)科研项目管理与平台建设					
(4)学科专业调整与设置					
(5)教学计划、课程内容与学位要求					

4.贵校赋予所属院(系)在下列事项的自主权(请在最符合实际情况处打"√")	没有自主权	很小自主权	中等自主权	较大自主权	很大自主权
(1)学院内部机构设置与干部遴选					
(2)学院年度财务预算安排					
(3)科研项目管理与平台建设					
(4)教职工收入分配					
(5)学科专业调整与设置					

以下5—11题,请在选项前相应的"□"处打"√":

5.贵校位于:□福建省　□福建以外的华东地区
　　　　　　□华北　　□华中　□华南　□西北　□东北　□西南

6.贵校成立于何年:_____年

7.贵校的全日制本科生数(不含独立学院)有:_____万人

8.贵校属于:□985高校　　□211高校　　□省重点建设大学
　　　　　　□其他本科高校

9.贵校属于:□综合类　　□理工类　　□文理类　　□经管类
　　　　　　□师范类　　□农林类　　□其他类

10.您的工作岗位:□专任教学科研　　□专任行政管理　　□双肩挑

11.您的职称:□教授等正高职称　　□副教授等副高职称
　　　　　　□讲师等中级职称　　□其他

问卷到此结束,感谢您的大力支持!

后　记

本书是在我的博士学位论文的基础上修改而成的。

对我而言，从本科和硕士的理学，跨学科转入管理学，在职攻读博士学位更为艰辛不易。回顾读博的学习历程，虽向往"闲坐小窗读易，不知春去已多时"的从容与雅致，然而更多的是希望、失望与绝望的交替与起伏。当放下笔来，心里想得最多的就是感激与感恩。

感谢我的导师陈笃彬研究员。先生治学严谨、治校有方，在高等教育的理论研究和办学实践上建树颇丰。在学术研究的道路上，每当陷入困境，在"山重水复疑无路"之际，先生总是能够站在高处，启迪思维，指点迷津，使学生"柳暗花明又一村"。先生致力于理论与实践相结合，以学术研究推动办学治校，以办学实践启迪理论探索，使学生耳濡目染，受益匪浅。先生虚怀若谷，宽厚待人，关爱学生，有如春风化雨、润物无声。读博的过程，亦是学习先生学术思维、办学理念、做人之道的过程。学生的博士学位论文，无不是先生心血、汗水与智慧的结晶。

感谢福州大学经济与管理学院的郗永勤教授、周小亮教授、朱祖平教授、张良强教授、朱斌教授、李登峰教授、石火学教授、叶先宝教授、丁刚教授等老师，他们在我的博士课程学习和论文撰写过程中，给予我很大的关心和帮助。感谢梁娟、李红等博士班和师门的同学们，感谢所有关心和帮助过我的老师、同事。

感谢福州大学党委书记陈永正研究员、党委副书记林生研究员，党委原副书记陈尚义研究员、陈少平研究员等领导，他们的关心、鼓励和支持，给我很大的鞭策和动力。

　　感谢我身边的爱人和女儿,远方的父母和亲人,大家给了我无私的关爱和支持,让我心无旁骛地学习和工作。

　　这里,还要特别感谢厦门大学出版社甘世恒主任等老师,他们为本书的顺利出版做了大量的编辑校对工作,提出很多宝贵的意见。

张海滨

2018 年 12 月 17 日